El ministerio de la palabra escrita

Justo González

ABINGDON PRESS / Nashville

EL MINISTERIO DE LA PALABRA ESCRITA

ISBN-13: 978-0-687-65993-7

09 10 11 12 13 14 15 16 17 18–10 9 8 7 6 5 4 3 2 1
HECHO EN LOS ESTADOS UNIDOS DE NORTEAMÉRICA

Contenido

PREFACIO

En mis repetidas andanzas entre nuestro pueblo, y particularmente entre instituciones y programas de preparación ministerial, repetidamente me han maravillado dos realidades al parecer contradictorias. Por una parte, me admira la rica abundancia de personas que tienen conocimientos y experiencias que podrían ser de enorme valor para tales programas, para quienes se forman en ellos, y para la iglesia latina en general. Pero, por otra parte, también me sorprende la escasez de materiales escritos desde nuestra circunstancia, y dirigidos a nuestro pueblo. Cada vez tenemos más personas con estudios avanzados en los diversos campos teológicos. Tenemos también quienes se han destacado organizando comunidades, prestándoles servicios a personas adictas al uso de drogas, aconsejando y dirigiendo a los jóvenes, y en una enorme variedad de ministerios. Pero, por diversas razones, continúa la escasez de material para nuestro pueblo.

Por esa razón, casi desde sus mismos inicios la Asociación para la Educación Teológica Hispana (AETH) ha ofrecido talleres para escritores y escritoras. Y también desde sus inicios esos talleres han sido altamente productivos. De los primeros dos talleres resultaron inmediatamente seis libros, y varios de quienes participaron de esa experiencia han continuado escribiendo y publicando. A partir de entonces, frecuentemente se me pide que ofrezca algún taller para escritores, y con gusto lo hago. De esos talleres posteriores han salido también otros autores y autoras. Pero, puesto que AETH no cuenta con los recursos necesarios para ofrecer talleres de varios días, como se hizo al principio, frecuentemente el escaso tiempo de que disponemos se nos va en explicaciones acerca del modo en que se conduce el proceso de la publicación, y cuando los participantes empiezan a tener una idea mínima de cómo preparar una propuesta para una casa editora se nos acaba el tiempo. En tales ocasiones, frecuentemente he pensado que sería útil tener algún material impreso que se pudiera emplear antes de tales talleres, o independientemente de ellos, de modo que quienes vinieran a los talleres pudieran traer al menos un esbozo de su proyecto, y quienes no asistieran a ellos pudieran tener alguna ayuda y dirección en cuanto a cómo escribir y publicar lo que se escribe.

Surge ahora la serie Ministerio, y veo en ella la oportunidad de ofrecerle a un público más amplio algo de lo que AETH ha ofrecido repetidamente en sus talleres, y algo de lo que he recogido a través de mis años de experiencia escribiendo para que otros publiquen, y editando lo que otros escriben. Es esa experiencia la que trato de resumir en las páginas que siguen, y de la que espero se puedan servir otras personas para producir los materiales que tan urgentemente necesitamos.

Justo L. González

1

El poder de la palabra

LA PALABRA DE DIOS Y LA PALABRA HUMANA

Según nos dice el Evangelio de Juan, «en el principio era la Palabra; y la Palabra era con Dios; y la Palabra era Dios... por medio de ella todas las cosas fueron hechas, y sin ella nada de lo que ha sido hecho fue hecho» (adaptado por el autor). En esto, el Cuarto Evangelio concuerda con el Génesis, donde Dios crea mediante la Palabra. Allí, cada vez que Dios dice «¡sea!», inmediatamente se nos declara que «¡fue!». Esto nos da a entender que la Palabra de Dios es mucho más que un medio de comunicación. Cuando Dios dice, Dios crea.

Lo que es más, el término que al citar a Juan hemos traducido por «Palabra», *lógos*, también puede traducirse como «Verbo» o como «Razón». Como Verbo, la Palabra de Dios es acción. Esa Palabra que no volverá vacía, sino que hará aquello para lo cual ha sido enviada, es Dios mismo en acción. Como Razón, la Palabra de Dios es el orden que subyace a la creación toda. Es gracias a esa Razón o Palabra divina que hay un orden racional en el mundo— que dos y dos son cuatro, que el Sol sale por el oriente, que los electrones giran en torno a los núcleos atómicos. En todo ello vemos la acción y la presencia de esa eterna Palabra o Razón de Dios.

Si esa creación de Dios nos parece razonable, si podemos entenderla, ello se debe a que hay también razón en nuestras mentes. Ello se debe a que el Dios por cuya Razón o *lógos* el mundo fue hecho nos ha hecho a su imagen y semejanza, y esto incluye el tener raciocinio. Nuestra razón funciona, y tal pareciera que el mundo se ajusta a ella, porque es razón a la imagen y semejanza del Dios que hizo todas las cosas mediante su *lógos* o Razón.

La imagen y semejanza con que Dios nos hizo incluye también algo de su poder. En Génesis 1:26, donde Dios dice «hagamos al humano a nuestra imagen y semejanza», continúa diciendo «y tenga dominio...» (adaptado por el autor). Aunque hayamos abusado de él, el hecho es que nuestro dominio sobre el resto del mundo es parte de la voluntad divina en nuestra creación. Es en esto que consiste la mayordomía: el mayordomo es el representante del amo en la administración de su propiedad, y la mayordomía cristiana está precisamente en nuestra tarea de administrar la creación en nombre de Dios.

Parte de esa semejanza de Dios que llevamos consiste en que también estamos dotados de palabra. Nuestra palabra no tiene el poder absoluto que tiene la Palabra de Dios; pero con todo y eso sí tiene poder. Ya en Génesis, al crear a los animales, Dios los lleva ante el humano para que les dé nombre, reclamando así su autoridad sobre ellos. A semejanza del Dios que crea nombrando («¡sea la luz!»), el ser humano también tiene el poder de crear y soñar nuevas realidades gracias al uso de la palabra. Mediante la palabra, los poetas nos hacen ver lo que el corazón siente, pero los ojos no ven. Mediante la palabra, podemos crear amor u odio, gozo o dolor, esperanza o desaliento. Mediante la palabra se han creado nuevos sistemas políticos y económicos, sueños de libertad y de justicia, naciones enteras, revoluciones... Mediante la palabra se han destruido sueños, se ha sembrado el odio, se ha llevado a la violencia...

Ese poder de la palabra—tanto de la Palabra eterna de Dios como de la nuestra—se ve en dos términos que constantemente usamos, pero en cuyo sentido profundo no siempre pensamos: «bendecir» y «maldecir». Notemos que la primera significa decir algo bueno (ben-decir), mientras la segunda significa decir algo malo (mal-decir). En el sentido estricto, el poder de bendecir y de maldecir le pertenece sólo a Dios, precisamente porque lo que Dios dice Dios hace. Cuando Dios nos «bendice», lo que Dios pronuncia sobre nosotros se torna realidad. Por otra parte, nuestro poder de bendecir o de maldecir no llega a tanto, porque nuestro poder de crear es limitado. Pero a pesar de ello, nuestro bendecir y nuestro maldecir sí tienen poder. Cuando nuestras abuelas y abuelos, poniéndonos la mano sobre la cabeza, nos decían «Dios te bendiga», estaban formando una nueva realidad en nuestras vidas. Y cuando le decimos a alguien, «¡maldito seas!», también estamos creando realidades de odio y rencor.

Por todo ello, como siervos y seguidores del Dios que es también Palabra («Verbo», como dice la traducción más común) encarnada, es importante que tomemos en cuenta el uso—y el posible abuso—de la palabra. Dicho de otro modo, somos mayordomos de nuestras palabras. De ahí la razón por la que en este breve libro nos proponemos explorar eso del ministerio de la palabra escrita.

PALABRA Y COMUNICACIÓN

Decíamos al principio que la Palabra de Dios es mucho más que un medio de comunicación. Pero lo cierto es que, si entendiéramos mejor qué es eso de comunicar, sí podríamos decir que la Palabra de Dios es comunicación. Lo triste es que hemos abaratado la comunicación convirtiéndola en una mera transmisión de ideas o pensamientos—y frecuentemente, en modos de manipular a otras personas para que hagan lo que deseamos o compren lo que queremos venderles. Así como la retórica antigua se convirtió en un medio de convencer a otros, sin importar si lo que se decía era verdad o no, así también hoy buena parte de la supuesta comunicación es en realidad técnica de mercadeo. Hasta en la iglesia, a veces hablamos del «arte de comunicar» como si fuese sencillamente cuestión de hablar bien, de usar la técnica más convincente.

Etimológicamente, «comunicar» quiere decir hacer común, compartir. Así, por ejemplo, los antiguos escritores cristianos, al escribir en latín, decían que los creyentes tienen la obligación de *communicare* con los necesitados. Con ello no querían decir que se les hablara del evangelio, sino que se compartiera con ellos de lo que se tenía—del evangelio, sí, pero también del pan y del abrigo. (Dicho sea de paso, lo mismo es cierto de esa palabra griega que tanto citamos, *koinonía*, que no quiere decir solamente llevarnos bien unos con otros, sino también compartir, hacer de lo que se tiene algo común o *koinós*.) Comunicar es entonces entregar de lo que se tiene; y, en el supremo sentido, entregarse a sí mismo.

Es en ese sentido que la Palabra de Dios sí es comunicación. Nuestro Dios no solamente nos dice, sino que nos da. Y en la suprema manifestación de su Palabra, se nos da a sí mismo. Como dice el mismo pasaje de Juan que citamos al principio, «aquella Palabra se hizo carne, y habitó entre nosotros». Cuando Dios nos habla, Dios no sólo dice; Dios no sólo crea; ¡Dios se entrega a sí mismo!

Lo mismo sucede, aunque en grado inferior, con nuestra palabra. Cuando la expresamos, nos entregamos a quien ha de escucharla o leerla. Ciertamente podemos usarla para engañar, para ocultar quiénes somos o lo que de veras deseamos. Pero la palabra emitida, sea falsa o verdadera, siempre nos hace vulnerables; siempre les permite a los demás entrar en nuestro ser—aun cuando sea un ser ficticio que pretendamos crear. Cuando nuestra palabra es falsa, es como si—para usar una imagen del Evangelio—alguien esperara de nosotros un pez y le diésemos una serpiente (Lc 11:12). Cuando nuestra palabra es verdadera, con ella no entregamos solamente una idea, sino también una parte de nuestro ser, de nuestra experiencia, de nuestro conocimiento, de nuestras opiniones, que deseamos compartir con otras personas. Y lo que así compartimos ya no es solamente nuestro. Ahora le pertenece también a quien escucha o lee nuestras palabras.

Es por esto que la comunicación es tan importante en el ministerio de la palabra. Si lo que decimos no se entiende, es como si no lo dijéramos. Si alguien nos hace una pregunta en español, y le respondemos en chino, y la otra persona no conoce ese idioma, es como si no dijéramos nada—o peor, pues estamos creando la impresión de querer decir sin decir. Aunque lo que digamos en chino sea verdad, en el contexto de nuestra conversación con esa persona es como si fuera falso. Posiblemente la persona quede muy impresionada con nuestro conocimiento del chino. Pero no habrá comunicación—o habrá una comunicación falsa, dándole a entender a la otra persona que sí queremos decirle algo, pero ella no es capaz de entender.

Lo mismo hacemos muchas veces, no ya hablando en otro idioma, sino hablando en el nuestro sin tener verdadera intención de comunicar, sino más bien de impresionar. Tristemente, en muchas de nuestras escuelas, al tiempo que nos enseñaban a escribir, lo hacían mal. Nos enseñaban a escribir para impresionar a los maestros o maestras. Mientras más largas y complejas fueran nuestras oraciones, más se nos alababa. Y esto no se limita a la educación básica o elemental, sino que en círculos altamente académicos el más alto ejercicio que se hace es la tesis doctoral, frecuentemente escrita con el fin de impresionar a un comité de tres o cuatro lectores.

Volvamos al verdadero propósito de la palabra: comunicar. La palabra que no comunica es como si nunca hubiera sido dicha o escrita. Y para comunicar, en el sentido más estricto, no basta con que la otra persona entienda nuestras ideas; es también necesario que en esas ideas o palabras nos entreguemos a nosotros mismos.

LA PALABRA ESCRITA

No sé cuándo sería, pero imagino que algún lejano antepasado nuestro, acostumbrado como estaría a seguir las huellas de animales para cazarlos, tuvo la insólita idea de dejar las suyas propias en el camino para que otras personas pudieran seguirle. En cierto sentido, ésa fue la primera escritura. Fue la primera vez que alguien dijo algo para que otras personas pudieran escucharle— por así decir—sin estar directamente presentes. Quizá ese antepasado fue una mujer que iba por el camino desgarrando ramas para que su esposo pudiera seguirle. Esas ramas desgajadas eran un escrito tan claro como esos otros que hoy vemos en algunos monumentos donde alguien escribió, «aquí estuvo Fulano» o «Mengana ama a Zutano». Porque la esencia del escribir es precisamente eso: decir algo de tal modo que quienes leen las palabras pueden en cierto sentido escucharlas. De aquellas ramas desgarradas alguien pasaría a hacer algunas marcas en la piedra. Luego esas marcas se multiplicaron, de modo que ciertos signos llegaron a simbolizar ciertas cosas. De allí se pasó a los jeroglíficos, los alfabetos, las grabaciones, la comunicación cibernética...

En este breve libro me propongo tratar sobre la palabra escrita. Buena parte de lo que diré en él puede aplicársele también al ministerio de la palabra hablada—por ejemplo, al sermón—y al de la palabra inscrita en medios electrónicos y difundida por medio de la red cibernética. Pero estrictamente, mi propósito es ayudar a quienes, como yo, se sientan llamadas o llamados a este ministerio de la palabra escrita. Es por ello que en las páginas que siguen, aunque dedicaremos algún espacio al uso de la palabra y de la lengua en general, buena parte de nuestra atención se centrará sobre el proceso de escribir con el propósito de que lo que se escribe sea publicado.

Por otra parte, desde el punto de vista de quien habla o escribe, hay una diferencia importante entre la palabra hablada y la escrita. La primera normalmente recibe respuesta inmediata. Su uso más común es la conversación, en la que—como la etimología misma de la palabra indica—con-versamos, hablamos con alguien, y esa persona nos responde. Nuestras palabras provocan otras por parte de la otra persona, y éstas a su vez nos llevan a nuevas palabras. Aun cuando la palabra oral tiene forma de monólogo, como en el caso típico del sermón, la palabra provoca una respuesta inmediata. Cuando predicamos vemos los rostros de quienes nos escuchan, y en esos rostros vemos respuestas: interés, duda, dolor, alegría, sorpresa, aburrimiento...

Muy diferente es el caso de la palabra escrita. Cuando escribimos, no recibimos respuesta inmediata. En el caso de una carta o un mensaje electrónico, recibimos respuesta a corto plazo. Pero en el caso de una lección de escuela dominical, la respuesta no vendrá antes de que la lección se dé en clase, al menos varios meses después que escribimos lo que se publica. Y en el caso de libros, esa respuesta puede demorar más todavía. Terminamos un libro y lo mandamos a la casa editora, que nos responde a las pocas semanas; pero ésa no es la respuesta que esperamos. La respuesta que esperamos es la de quienes lean el libro ya publicado. Y eso puede tomar años. Personalmente, cada vez que viajo o voy a un seminario en otra parte del mundo, alguien me hace comentarios sobre libros que escribí hace treinta o cuarenta años y que a duras penas recuerdo—y posiblemente, después que yo muera, habrá quien lea algo que escribí y responda a ello. Luego, una diferencia fundamental entre la palabra hablada y la escrita es que la primera recibe—o espera recibir—respuesta inmediata, mientras que la última no siempre recibe respuesta, y aun entonces, sólo a largo plazo. Y esa diferencia no nos afecta solamente en lo psicológico, sino también en la comunicación. Una predicadora que ve la perplejidad en los rostros de la congregación sabe de inmediato que no se le ha entendido, y busca un modo más claro de expresar lo que quiere decir. Pero un autor no sabe si lo que ha escrito se entiende o no, si gusta o no, hasta que es demasiado tarde para cambiarlo o aclararlo. Y entre quien lee y quien escucha hay una diferencia parecida, pues quien escucha, por ejemplo, un sermón entiende ciertas cosas gracias al tono de la voz, los gestos, etc., mientras quien lee no tiene tales auxilios.

Tíquico

La otra gran diferencia entre la palabra hablada y la escrita es que la palabra hablada no necesita otro medio de comunicación que ella misma, mientras que la escrita sí lo requiere. Cuando hablo, las ondas sonoras van directamente al oído de quien escucha. Pero cuando escribo, lo que digo se queda en el papel—o en el disco de la computadora—hasta tanto se le provea el medio para que llegue a los posibles lectores.

Es por esto que me fascina la figura de un personaje bíblico que apenas se menciona, pero cuyo papel es de suma importancia. Me refiero a Tíquico. Si en una clase de escuela dominical—o hasta en un seminario—preguntamos quién es Tíquico, lo más probable es que muy pocas personas, o nadie, pueda respondernos. Tíquico es quien lleva varias de las cartas de Pablo a sus destinatarios (Ef 6:21; Col 4:7; 2 Ti 4:12; Tit 3:12). Las cartas mismas nos dicen poco acerca de Tíquico, a quien Pablo llama «amado hermano» y «ministro fiel». Lo único que sabemos de él es que Pablo confiaba en él como su representante, quien llevaría sus cartas a sus destinatarios y le representaría fielmente.

Cuando nos detenemos a pensar sobre el asunto, este Tíquico, apenas conocido, es un personaje de importancia crucial. Sin él, u otros como él, Pablo nunca hubiera escrito sus cartas. ¿Para qué escribirlas, si no era posible hacérselas llegar a sus destinatarios? Al dictar sus cartas, Pablo lo hace sabiendo que puede contar con este «hermano querido», cuyo ministerio fiel consiste—hasta donde sabemos—en hacer llegar los mensajes escritos de Pablo a quienes han de leerlos.

En cierto sentido, todo el sistema de publicación y distribución de libros, y todas las personas que se dedican a ese ministerio, son nuestros Tíquicos. Sin ellos, de poco serviría lo que escribimos. Gracias a ellos, lo que escribimos llega a sus destinatarios. Tristemente, como en el caso de Tíquico, el público les presta poca importancia. El nombre de Tíquico aparece al final de las cartas, cuando no pensamos que Pablo esté ya diciendo nada de mucha importancia. El nombre de la casa editora aparece antes del comienzo del libro, y el lector promedio lo salta de igual modo que el lector de las cartas de Pablo salta por encima de los nombres que aparecen al final de sus cartas. Y de los distribuidores y libreros, ni se diga. Quizá alguien recuerde dónde compró algún libro. Pero de ahí no pasa la atención que se les presta.

Empero, como autores y autoras, debemos recordar que sin Tíquico y otros como él Pablo no hubiera escrito nada, y que sin las casas editoras, las distribuidoras y las librerías nuestros escritos tampoco tendrían gran alcance. El ministerio de la palabra escrita incluye no sólo a quienes escribimos, sino también a quienes sirven de puente entre quienes escriben y quienes han de leer. En este ministerio trabajamos en conjunto, sabiendo que si todo el cuerpo fuera ojo no podría oír, y que si todos fuésemos escritores no podríamos leer.

El ministerio de Tíquico es importante, y sin él el de Pablo sufrirá. Y lo mismo sucede hoy respecto al ministerio de la palabra escrita y publicada. Tristemente, muchos pastores y pastoras, y otros líderes en la iglesia, no nos damos cuenta de la importancia de ese ministerio, y lo socavamos sin siquiera pensarlo. Por ejemplo, para un programa en la iglesia queremos que quienes participen en el mismo lean cierto material, pero queremos ahorrarles el costo de comprar un libro entero, y por eso hacemos fotocopias de varias secciones y los distribuimos en nuestra iglesia. Si tal hacemos, ciertamente habremos ayudado a nuestros miembros a leer materiales que pueden serles útiles; pero al mismo tiempo habremos contribuido a que no se publiquen tantos libros y otros materiales como nuestro pueblo necesita (además de haber faltado a la ley). Para poder cubrir sus costos, quienes se dedican al ministerio de las publicaciones necesitan vender al menos cierto número de ejemplares de cada libro. Y lo que hemos hecho al distribuir fotocopias en nuestra iglesia es contribuir a la quiebra, o al menos disminuir el ministerio, de alguna casa editora. Si, por el contrario, les recomendamos a nuestros miembros que compren y lean ciertos libros que nos parecen de buena calidad, con ello estaremos contribuyendo a la futura publicación de otros libros semejantes. (Además, es posible solicitar y recibir permiso de la casa editora para producir cierto número limitado de copias parciales de algún material, mediante el pago de una suma módica.)

Pasemos entonces a aclarar, primero, qué es eso de publicar; y, luego, cómo es que el proceso de publicar funciona; para pasar por fin a cuestiones de técnica y estilo.

2

Imprimir no es publicar

Hace unos años un programa de computación se anunciaba en la televisión con una escena en un aula universitaria. En esa escena, el profesor dice que para publicar es necesario tener una casa editora. En respuesta a esto, un alumno se pone en pie y le interpela diciendo: «Eso era antes, señor profesor; pero ahora cualquiera puede publicar con sólo tener el programa tal más cual». Aunque el anuncio parecía convincente, la verdad es que era el profesor quien tenía razón. Publicar no es lo mismo que imprimir. Lo que hacía el programa que el estudiante anunciaba no era publicar, sino ayudar al usuario a imprimir materiales y hasta libros con la misma apariencia de los producidos por una casa editora. A esto llaman en inglés *desktop publishing*—publicación de escritorio. Pero a pesar de tal nombre, imprimir algo—ya sea en nuestra impresora de escritorio, o en una gran imprenta—no es lo mismo que publicar.

Si volvemos a nuestro ejemplo de Pablo y Tíquico en el capítulo anterior, podemos decir que la tarea de imprimir es como la del amanuense anónimo a quien Pablo le dictaba una carta. La tarea del amanuense era necesaria. Pero la carta no alcanzaba su propósito hasta tanto Tíquico u otro como él no la llevase a sus destinatarios. Lo mismo es cierto de la tarea de imprimir. Dejando a un lado la publicación cibernética, que no nos ocupa aquí, para que un material se publique hay que imprimirlo. Pero el material impreso todavía no está publicado. Entre quien escribe y quienes leen hay todo un proceso que llamamos publicación, y ese proceso incluye la impresión, pero no se limita a ella.

Publicar un libro es una tarea compleja que incluye desde la investigación del posible mercado lector hasta la distribución del producto final. Incluye la tarea de asegurarse de que lo que alguien proyecta escribir responda a las necesidades e intereses del público. Incluye el proceso de trabajar con esa persona para que el manuscrito resultante cumpla con ese propósito. Incluye además la corrección de estilo, el diseño del libro y de su carátula, la corrección de pruebas, la preparación del libro para la imprenta, el proceso de impresión, la publicidad que el libro requiera, el almacenaje, los anuncios acerca del libro, las ventas, cobros, toda la contabilidad, y varios otros elementos menores.

Como vemos, en todo este proceso la impresión no es más que uno de muchos pasos. Prueba de ello es el hecho de que cada vez más son las casas editoras que se deshacen de sus imprentas, o que sencillamente nunca las han tenido. En tal caso, la casa editora subcontrata a una casa impresora para que produzca el libro, porque prefiere invertir sus esfuerzos en todos los otros aspectos de la publicación. Y prueba de ello es también el otro hecho de que si usted compra un libro por veinte dólares, lo más probable es que su impresión—incluyendo la carátula y la encuadernación—no haya costado más de cuatro. Luego, la impresión, aunque es parte necesaria de la publicación, no es sino una fracción de ella. (Todo esto aparte, claro está, de lo que se "publica" en la red electrónica o internet, que no trataremos en este breve libro.)

No olvidemos que, hasta etimológicamente, una "publicación privada" es un contrasentido. La verdadera y cabal publicación requiere una casa publicadora. Es principalmente sobre eso que nos enfocaremos aquí. Ciertamente, mucho de lo que diremos más adelante—sobre todo en lo que se refiere al estilo y las técnicas para escribir—será útil para quien desee "publicar" por su cuenta, así como para la preparación de sermones y otras formas literarias. Pero tal no es el propósito central del presente libro, en el que trataremos, sí, sobre cuestiones de técnica y de estilo, pero también sobre otros aspectos del proceso todo de escribir para la publicación.

DISTINTAS CLASES DE PUBLICACIONES

Aunque aquí centraremos nuestra atención sobre la publicación de libros, buena parte de lo que diremos puede emplearse también para otras clases de publicaciones. Por ello, conviene que les echemos por lo menos un vistazo.

Para quienes escribimos sobre temas bíblicos y teológicos, uno de los medios de publicación más frecuentes son las lecciones para la escuela dominical. Tales lecciones se publican normalmente por canales denominacionales, aunque hay algunas que se publican mediante convenios interdenominacionales—por ejemplo, la revista metodista *Lecciones cristianas* se publica también, bajo otro título, por la Convención Bautista Americana, y ambas denominaciones coordinan su producción.

Desde el punto de vista de quien escribe, las lecciones para escuela dominical tienen dos características esenciales. La primera de ellas es que no escribimos sobre lo que nos parezca, ni dividimos el material como mejor nos convenga, sino que tenemos que ajustarnos a temas y formatos determinados de antemano, y que nos son asignados. Al escribir el presente libro, tengo cierta libertad para decidir cuántos capítulos ha de tener, qué extensión tendrá cada uno, etc. Pero al escribir lecciones para la escuela dominical lo normal es que el texto bíblico nos sea asignado, que haya un bosquejo prefijado—introducción, examen del pasaje bíblico, aplicación, y otras secciones parecidas—y que se nos diga cuántas líneas, palabras o letras cada parte de ese bosquejo ha de tener. En tales instrucciones hay poca flexibilidad, pues no podemos decidir que vamos a estudiar otro texto, o que vamos a eliminar una sección del bosquejo que nos ha sido dado.

La otra característica de tal tipo de publicación es que las fechas para la entrega de los manuscritos son absolutamente fijas. Una revista para la escuela dominical no puede darse el lujo de publicar en febrero las lecciones para enero. Si un solo número se atrasa, la circulación de la revista decaerá notablemente. Y si hay más de un atraso, es muy posible que la revista no pueda seguir publicándose. Luego, si usted desea escribir para tales revistas, y accede a un contrato, es absolutamente necesario cumplir con él, pues si no lo hace difícilmente se le dará otra oportunidad. Bien recuerdo que hace años, el editor de la revista *Lecciones cristianas* me llamaba a cada rato y, con un tono de urgencia casi trágico, me decía: «Justo, un pecaminoso no ha cumplido. ¿Crees que podrás escribir una serie de lecciones para el mes que viene?» Lo de «pecaminoso» era un poco en broma; pero de lo que no cabía dura era que al tal pecaminoso no se le volvería a invitar a escribir para la revista.

Algunas denominaciones publican también libros u otros materiales para el uso de sus feligreses. Tales materiales o «recursos programáticos» presentan a veces mayor flexibilidad respecto a la organización del contenido. Pero en cuanto a las fechas de entrega son igualmente inflexibles, pues es necesario que el material salga a tiempo para su uso en el programa de la iglesia. De nada sirve un libro de estudios bíblicos para Navidad que no se publica hasta el Día de Reyes.

Sobre esos materiales para escuela dominical o para los programas de las denominaciones, y sobre los contratos para su publicación, volveremos más adelante. Baste decir por ahora que normalmente se escribe para ellos por invitación, y que por tanto la iniciativa no depende del autor o autora, sino de la persona o comité a cargo de la publicación misma.

Hay entonces dos clases de libros que merecen párrafo aparte, no tanto porque se publiquen muchos de ellos, sino porque frecuentemente son lo primero que a alguien se le ocurre escribir. Me refiero a libros de sermones y libros de poemas. Es difícil encontrar una casa editora interesada en publicar libros de sermones o de poemas por personas que no sean alta y ampliamente reconocidas. La razón de esto es obvia: es más fácil vender un libro sobre un tema específico por una autora generalmente desconocida que un libro de poemas o de sermones por un autor igualmente desconocido. Por ello, hay esencialmente dos modos de publicar tales libros. Uno de ellos—el más fácil, pero el de menos alcance—es «publicarlos» privadamente, pagando por su impresión, y entonces distribuirlo y venderlo entre personas a quienes se conoce. Es así que se «publica» la mayoría de los libros de sermones, que entonces se venden entre los feligreses que regularmente escuchan la predicación que ahora se les ofrece impresa. Y la mayoría de los poemarios también se publica mediante un procedimiento semejante. El segundo modo de publicar tales libros—y el más difícil, pero de mayor alcance—es darse a conocer como poeta o predicadora, hasta que una casa editora decida que un libro por esa persona, ya conocida, tendría uso y mercado. En tal caso, el proceso que se sigue en la publicación es semejante al que se sigue para cualquier otro libro.

Dejando a un lado los libros de sermones o de poemas, la inmensa mayoría de los libros que se publican cada año tratan temas específicos no se escriben para ser parte de un programa de la iglesia, sino más bien para el uso general, y por tanto se venderán también al público en general. Estos son los libros que vemos en librerías, en catálogos de publicaciones, en la red cibernética y en otros canales de distribución.

Respecto a tales libros, es importante que conozcamos cómo es que se costean, cómo se producen, y otras cuestiones semejantes.

La aritmética de la publicación de libros

Dijimos antes que cuando usted compra un libro y paga veinte dólares, lo más probable es que se haya impreso a un costo de unos cuatro dólares. ¿Qué sucede entonces con los dieciséis dólares de diferencia? La respuesta varía de casa editora en casa editora y de libro en libro. Pero por lo general el precio de lista a que un libro se vende en una librería se distribuye aproximadamente del siguiente modo:

1. La librería recibe un descuento de entre el 40 y el 50 %. Con esa diferencia paga los costos de flete desde el almacén hasta la librería y sus propios gastos de alquiler, electricidad, contabilidad, empleomanía, impuestos, y demás. Y, naturalmente, espera que le reste algo como ganancia y como capital para aumentar su inventario.

2. En muchos casos, entre la casa editora y la librería hay un distribuidor que compra los libros en grandes cantidades, los vende, y luego se los vende a las librerías. Por ese servicio, las casas editoras le dan descuentos que normalmente oscilan entre el 45 y el 60 %.

Al tomar en cuenta esos descuentos, y puesto que algunos libros se venden directamente a librerías o a individuos, resulta que la casa editora recibe aproximadamente la mitad del precio de venta al público.

3) Puesto que la casa editora pagó aproximadamente el 20 % de ese precio para la producción del libro—es decir, para su impresión y encuadernación—le queda un 30 % para sus propios costos. Como en el caso de las librerías y de los distribuidores, esos costos incluyen sus propias oficinas, la contabilidad, empleomanía y demás. Por encima de esto, la casa editora se ocupa también de anunciar el libro en revistas, diarios, programas radiales, en su propio catálogo, y por cualquier otro medio que crea conveniente.

Una vez más, vemos que la publicación de un libro es un proceso mucho más amplio, abarcador y costoso que su mera impresión.

4) Por último, de ese 30 % que le resta la casa editora le paga al autor o autora lo que le corresponda según el contrato entre ambos. Esto puede ser una cantidad fija, que normalmente se paga cuando se recibe el manuscrito, o unas regalías que se determinan según el número de ejemplares vendidos, y que se pagan después que tales ventas han tenido lugar.

Esta aritmética respecto a la distribución de los productos de la venta de un libro nos ayuda a entender algo del modo en que una casa editora ve a sus posibles autores y sus manuscritos. Aunque algunas casas editoras son privadas, de modo que sus dueños y accionistas esperan algún beneficio de ellas, y otras son puramente instituciones de servicio que no se preocupan por obtener ganancias, todas necesitan subsistir económicamente. Poquísimas reciben donativos y subsidios que les ayuden a subsistir. Luego, todas o casi todas necesitan cubrir sus gastos con el ingreso de sus ventas. Y, más todavía, todas tienen gastos que continúan aun cuando no se publiquen o se vendan más libros: gastos de oficina, almacenaje, contabilidad, etc. Luego, una casa editora tiene que publicar libros aunque sea sencillamente para subsistir.

En esto una casa editora es semejante a unos de aquellos enormes ingenios productores de azúcar entre los que me crié en Cuba. Aquellos ingenios no podían detenerse por falta de caña que moler; y tampoco pueden detenerse las casas editoras por falta de manuscritos que publicar. Si el ingenio se nutre de la caña, la editora se nutre de los manuscritos que va publicando. Necesita tenerlos para mantener ocupada a la persona que hace correcciones de estilo, a quienes diseñan los libros y sus carátulas, a sus representantes y vendedores, además de pagar por el almacenaje de los libros publicados anteriormente, cobrar cuentas, llevar la contabilidad, etc.

Desde el punto de vista de quien pretende escribir un libro y que se publique, esto quiere decir que, aunque a veces nos parezca lo contrario, lo cierto es que los gerentes y agentes de las casas editoras están constantemente buscando manuscritos que publicar. Es posible que cuando les hablemos de algún libro que proyectamos nos parezca que son guardianes que no nos permiten entrar al mundo de las publicaciones; pero lo cierto es todo lo contrario. Tales personas son aliadas nuestras en el ministerio de la palabra escrita.

El símil del ingenio de caña tiene sin embargo otra cara: el ingenio no puede moler más que cierta cantidad de caña cada día. Si las tierras aledañas producen más que eso, quienes pretendan vender sus cosechas tendrán que esperar. De igual modo, una casa editora cualquiera, por grande que sea, tiene recursos limitados que le permiten publicar cierto número de libros al año. Como una fila de carretas frente al ingenio, hay una fila de manuscritos en distintas etapas del proceso de producción. Salvo casos excepcionales en los que por alguna razón la casa tiene interés en publicar un libro con premura, lo normal es que un libro tome entre ocho y dieciocho meses entre el día en que el manuscrito se recibe y el día en que sale a la venta. Luego, por muy importante que me parezca mi libro, lo más probable es que una casa lo publicará solamente si tiene lugar para él en su plan de producción, y que aun entonces lo hará en el momento correspondiente dentro de ese plan.

La situación descrita arriba implica también, por último, que buena parte de los libros que se publican no dejan ganancias. La casa editora los publica sencillamente porque tiene que publicar algo, y porque le parece que tienen posibilidades de buenas ventas. Pero lo que le permite a la casa subsistir no es que todos los libros dejen ganancias, sino que algunos dejen suficientes ganancias para subsidiar a los que no las dejen.

Además, en años recientes la tecnología ha introducido cambios que le hacen posible a una casa editora limitar las pérdidas en aquellos libros que no se venden. Cuando para cada libro había que «parar el tipo»—es decir, preparar en plomo cada página— era necesario imprimir un número suficiente de ejemplares para cubrir esos gastos. Puesto que era casi imposible guardar todo un libro en plomo, cada nueva impresión incurría el mismo gasto inicial. Por ello, cada tirada tenía que ser suficientemente numerosa para cubrir los gastos iniciales, que eran altos. El resultado era que una tirada de menos de 3,000 ejemplares era insólita, y se procuraba que las tiradas fuesen al menos de 5,000. Si un libro se agotaba, había que esperar hasta que la demanda permitiese una nueva tirada de varios miles. Hoy, con la digitalización, es posible imprimir pequeñísimas tiradas a un costo por unidad casi igual al de una tirada de varios miles. La consecuencia más obvia de esto es que la publicación de un libro requiere menos inversión y menos riesgo, pues bien pueden imprimirse unos pocos centenares hasta ver cómo se vende. Puesto que lo mismo sucede con la reimpresión, que no tiene que esperar a que haya una demanda de varios miles de ejemplares, son pocos los libros que no se consiguen. Cuando un libro todavía se vende, aunque no sea más que unas docenas de ejemplares al mes, la casa editora puede reimprimir el número de ejemplares que la demanda requiera y que su capital permita.

Pagos a los autores y autoras

Parte de la aritmética que acabamos de describir involucra el pago a quien produce el manuscrito. Tales pagos generalmente son de una de dos clases: pago por tarea, y pago de regalías. El contrato con la casa editora estipula cuál de esas dos clases de pago se hará. El pago por tarea consiste en un solo pago que se le da al autor o autora al momento de concluir su trabajo. A partir de entonces el contenido del manuscrito viene a ser propiedad de la casa editora, que puede hacer de él el uso que le parezca—aunque nunca cambiando el contenido de tal manera que se le atribuyan al autor ideas que nos son suyas. Esta es la forma de pago más frecuente en el caso de lecciones para la escuela dominical, o de materiales programáticos para una denominación. Al pedirle que produzca, digamos, una serie de lecciones, la gerencia le comunica a usted cuál será el pago por esa tarea, y usted lo recibe al entregar un manuscrito satisfactorio. La serie a la cual pertenece este libro, *Ministerio*, se publica de ese modo.

La otra forma de pago es mediante regalías—un tanto por ciento que la autora o el autor recibe por la venta de cada libro. Ese tanto por ciento normalmente oscila entre el 5% y el 15%. Pero al leer el contrato que se le ofrece, el autor debe tomar nota de si se le ofrece un tanto por ciento sobre el *precio de lista* o sobre las *ventas netas*. Como hemos visto más arriba, el precio promedio por el que una casa editora vende un libro es de aproximadamente la mitad del precio de lista. Luego, una regalía sobre la base del precio de lista es aproximadamente el doble que otra sobre la base de las ventas netas. En el ejemplo que hemos dado, de un libro que se vende al público a $20, si se venden mil ejemplares y el contrato estipula el 10% del precio de lista, el autor recibirá $2,000. Pero si el contrato estipula el 10% de la venta neta, el autor recibirá aproximadamente $1,000.

Todos estos pagos se efectúan según lo convenido en el contrato. Lo más común es que las cuentas se liquiden una o dos veces al año. También es común recibir un informe de ventas en una fecha, y el pago varias semanas o meses más tarde. Esto es particularmente común en el caso de casas editoras evangélicas en América Latina, pues muchas de ellas operan con escasísimos fondos, y frecuentemente tienen que esperar nuevas ventas para pagar las regalías de años anteriores.

Todo esto se refiere a pagos en efectivo. En algunos casos, particularmente en América Latina, donde algunas casas editoras evangélicas no cuentan con gran capital, se hacen contratos en los que el autor o autora recibe cierto número de ejemplares del libro (normalmente, entre el 10 y el 15% de cada tirada). Esto no ha de confundirse con lo que hacen las que a veces se llaman «imprentas de vanidad», de que trataremos en la próxima sección.

CLASES DE CASAS EDITORAS

Hay casas editoras especializadas en prácticamente todos los campos del conocimiento humano. Puesto que aquí nos interesamos primordialmente en escritos sobre temas de fe y religión, nos limitaremos a casas que publican sobre tales temas. Las casas que publican materiales sobre ellos son muchas y muy variadas. Hay en primer lugar las casas denominacionales, es decir, casas que pertenecen a una denominación particular. Algunas de ellas publican solamente materiales escritos por miembros de esa denominación, pero la mayoría publica también materiales escritos por otras personas. Muy parecidas son las casas publicadoras privadas—es decir, que pertenecen a un individuo o corporación. Algunas de ellas se especializan en temas religiosos, mientra que otras son casas de interés general, pero que incluyen un departamento o programa de publicaciones religiosas. Para libros más eruditos, algunas universidades tienen programas de publicación cuya producción no va generalmente destinada al público en general, sino más bien a personas interesadas en el estudio académico de alguna disciplina o tema. Y más especializadas todavía son unas pocas casas—casi todas ellas en Europa—que se dedican a publicar tesis doctorales y otros materiales tan especializados que solamente las bibliotecas y un puñado de individuos los comprarán. Naturalmente, por lo general estas últimas casas imprimen tiradas muy pequeñas—a veces de menos de trescientos ejemplares.

El autor o autora debe decidir cuál de esas diversas clases de casas editoras se ajusta mejor al proyecto de publicar cada libro. Pero debe cuidarse de lo que el resto de la industria librera llama «imprentas de vanidad». Tales imprentas le piden al autor que pague «parte» de la edición—una supuesta parte que a veces es más que el verdadero costo de impresión—y le prometen al autor «publicar» su libro y mandarle cierto número de ejemplares. Lo más común en tales casos es que la supuesta casa editora imprima unos mil ejemplares, le cobre al autor por esa impresión, le mande al autor entre cien y trescientos ejemplares, venda los que pueda de los demás, y el resto lo remate o lo destruya. El autor queda muy contento porque su libro supuestamente fue publicado, cuando en realidad ha pagado tanto como le hubiera costado mandarlo directamente a la imprenta, y en fin de cuentas tiene sólo una parte de la edición. Una vez más, ¡imprimir no es publicar!

3

Relaciones con la casa editora

En el presente capítulo exploraremos la secuencia de relaciones entre quien escribe un libro y quien lo publica—o, para continuar con nuestro ejemplo, entre Pablo y Tíquico. Comenzaremos, no con el manuscrito terminado, sino con los primeros contactos con la casa editora.

Posiblemente el peor modo de publicar un libro sea escribirlo primero y luego salir en busca de una casa editora. Este error es particularmente común en círculos académicos, donde se espera que los docentes publiquen el resultado de sus investigaciones. Con esa tarea en mente, algún profesor se lanza a investigar un tema que le interesa, y al cabo de varios años tiene lo que le parece ser un manuscrito para un libro. Pero entonces descubre que lo más difícil no es escribir el libro, sino encontrar quien lo publique. A través de los años, repetidamente he tenido colegas que me cuentan desalentados que le han dedicado varios años a un manuscrito, y ahora nadie quiere publicarlo. Lo que les sucede a tales colegas en círculos académicos les sucede también a muchas otras personas, quienes se desalientan al ver que nadie aprecia los años que le han dedicado a un manuscrito.

Las razones pueden ser muchas. Quizá su libro está escrito en un estilo demasiado elevado para la audiencia a que normalmente se dirige una casa editora. Quizá su manuscrito es de mil páginas, y los agentes de la editora saben que el mercado en que se mueven requiere libros más breves. Quizá es de cien, y la editora ha decidido que un libro tan pequeño no le permitirá cubrir los gastos. Quizá el enfoque que usted le ha dado al libro no es el que caracteriza a una casa particular. En todos estos casos, el error es esencialmente el mismo: escribir el libro antes de tener contactos con las casas editoras para saber qué es lo que desean y cómo eso se relaciona con lo que usted puede y quiere darles.

Por todo ello, lo mejor es comenzar cuanto antes a establecer contactos con las casas editoras que pudieran estar interesadas en nuestro manuscrito.

CÓMO ESCOGER ENTRE LAS MUCHAS CASAS EDITORAS

Ésta es una de las preguntas que más frecuentemente se me hacen cuando conduzco talleres para escritores potenciales. La respuesta es fácil: busque, entre todas las casas editoras que usted conoce, las que han publicado materiales semejantes a lo que usted se propone escribir. Por extraño que nos parezca a primera vista, lo cierto es que a las casas editoras les conviene publicar libros que se asemejen entre sí, más bien que libros radicalmente diferentes. La razón es sencilla: buena parte de la tarea que la casa tiene por delante es la de anunciar y vender su libro. En esa tarea, resulta más eficiente y económico anunciar y promover diez libros que pueden interesarle a la misma audiencia, que diez dirigidos a diez audiencias diferentes. Si los libros van dirigidos a la misma audiencia, un solo catálogo y un solo envío por correo sirven para todos ellos. Luego, a las casas editoras les conviene que sus libros, al tiempo que no se repitan entre sí, sean semejantes —semejantes en cuanto a los temas, en cuanto al nivel de lectura y comprensión de la audiencia, en cuanto al campo a que se refieren, y de varias otras maneras.

Esto es parcialmente obvio. Usted no le va a mandar un libro sobre la teología del bautismo a una casa que se dedica a publicar novelas, ni le va a mandar una novela a una casa que se dedica a publicar libros sobre doctrina. Tampoco le mandará usted un libro evangélico a una casa musulmana, ni un libro sobre el Evangelio de Marcos a una casa que se dedique a publicar libros de cocina. Pero lo que es obvio en ese nivel sigue siendo cierto en cuestiones más específicas. Si usted escribe un libro de meditaciones sobre la mayordomía, será difícil que se lo publique una casa que se dedica a los estudios eruditos acerca de la composición del libro de Isaías. Si alguien se ha de interesar en publicar tal libro de meditaciones, lo más probable es que sea una casa que ha publicado otras meditaciones, y que además se interesa en la mayordomía. Luego, empiece las gestiones para la publicación de su libro entre aquellas casas que por diversas razones—intereses de su audiencia, nivel de sus publicaciones, relaciones denominacionales, tamaño físico del libro—sean más afines con el libro que usted propone.

PRIMERAS CONVERSACIONES

Comience entonces sus contactos con los representantes de tales casas. Algunas casas tienen personas dedicadas específicamente a la búsqueda y promoción de manuscritos que publicar. Esto es particularmente cierto de las casas norteamericanas, que tienen los que llaman «purchasing editors»—editores compradores—cuya tarea es precisamente encontrar, cultivar y aconsejar a los posibles autores. Las casas evangélicas que publican en español por lo general no tienen tales personas, pues sus recursos son limitados. Pero siempre hay alguien cuya tarea incluye la búsqueda y promoción de nuevos autores y manuscritos. Tales personas, si de veras conocen su tarea, saben ayudar a los posibles autores a refinar sus ideas y enfocar el manuscrito propuesto en direcciones que sean afines con los intereses de la casa editora misma.

En todo esto, el primer paso es que usted se ponga en contacto con las casas editoras con las que le interesaría empezar una conversación sobre el libro que usted espera escribir—o está empezando a escribir. Haga una lista de las casas editoras que pudieran interesarse en su proyecto, y escríbales una carta diciéndoles quién es usted, lo que se propone, y pidiendo dirección y ayuda. Si la respuesta es positiva, pasará entonces al próximo paso—el más importante aparte de la producción del manuscrito mismo. Ese paso es la preparación de una propuesta.

LA PROPUESTA

La mayoría de las casas editoras trabajan sobre la base de propuestas que reciben de quienes desean publicar algo a través de ellas. El proceso normal es que usted envíe tal propuesta, la junta o comité editorial de la casa la discuta y, si desean publicar el libro que usted propone, se lo hagan saber y le envíen un contrato. Aunque tal es el proceso común, hay algunas casas evangélicas en América Latina y España que no envían un contrato hasta tanto no han visto el manuscrito completo. Pero aun en tales casos es aconsejable preparar una propuesta antes de lanzarse a producir todo el manuscrito, pues con ello se inicia un diálogo que puede serle muy útil al autor o autora como guía para lo que ha de producir.

Naturalmente, si ya usted es una autora reconocida, es muy posible que una casa editora se le acerque pidiéndole un libro sobre algún tema. En tal caso, si las personas en esa casa que tienen la responsabilidad de decidir lo que se ha de publicar conocen su trabajo, las negociaciones y procedimientos que describo a continuación se pueden abreviar y simplificar. Pero aun en el caso de que una casa le invite a escribir sobre algo, siempre es bueno presentarle una propuesta, pasa así asegurarse de que se está de acuerdo en lo que se ha de producir.

En el Apéndice al final de este libro aparecen las directrices que esta serie *Ministerio* les envía a sus posibles autores, a fin de que puedan preparar su propuesta. Aunque cada casa editora tiene sus propias directrices, éstas se asemejan tanto que las que aquí se dan bien pueden servir para propuestas a cualquier otra casa.

INFORMACIÓN PERSONAL

Una buena propuesta comienza explicando quién usted es, cómo hacer contacto con usted y qué credenciales o experiencia le cualifican para escribir el manuscrito que se propone. En cuanto a la cuestión de cómo ponerse en contacto con usted, no hay que decir mucho más. La casa editora querrá tener su dirección, números de teléfono y dirección electrónica para poder responder a su propuesta. La dirección electrónica es crucial, dado que la mayor parte de la comunicación con la casa editorial será por esta vía.

Mucho más importante es la cuestión de qué experiencias o credenciales le cualifican a usted para escribir lo que se propone. Naturalmente, si usted es persona conocida por la casa editorial, esto no es tan necesario. Pero aunque usted conozca a algunas personas dentro de la casa, recuerde que es muy probable que sea un comité quien estudiará y discutirá su propuesta, y que en ese comité bien puede haber quien no sepa quién usted es.

Esta cuestión de lo que le cualifica a usted para escribir lo que se propone es la primera que se planteará la casa editora. Es sorprendente el número de autores potenciales que se cree capaces de escribir sobre asuntos que no conocen. Recuerdo que hace años, cuando mi barbero se enteró de que yo había publicado unos libros, empezó a hablarme sobre el libro que él estaba escribiendo sobre el impacto de los antiguos egipcios en la cultura maya. Aquel señor, con todo su entusiasmo, no tenía la más mínima idea de los estudios que en ese mismo tiempo se estaban haciendo sobre la cultura egipcia y sobre la maya; pero sobre la base de un par de libros se creía capaz de escribir algo que sorprendería a la humanidad.

Sin llegar a tales extremos, las casas editoras frecuentemente reciben propuestas en las que no se muestra que quien las presenta tiene la experiencia o los conocimientos necesarios para producir el libro que se propone. Es por ello que su propuesta, tras dar su nombre y demás datos personales, debe comenzar diciendo lo que le capacita para escribir sobre el tema propuesto. Naturalmente, los requisitos necesarios variarán de proyecto en proyecto. Si usted proyecta escribir un libro sobre el estilo literario de Pablo, deberá conocer el griego y la crítica literaria, mostrando cómo sus estudios le han preparado para lo que espera escribir. Si el libro es sobre el ministerio entre personas adictas a drogas, los estudios que usted haya hecho quizá no sean tan importantes como la experiencia que haya tenido en ese ministerio. En todo caso, esta parte de la propuesta, en la que usted se presenta a sí mismo, es de suma importancia, y lo que en ella se diga debe relacionarse con el tema que se propone discutir en el libro.

TÍTULO DEL LIBRO

Note que lo que se le pide es un título *sugerido*. En su propuesta, usted dice lo que por lo pronto usted piensa que sería un título apropiado. Pero no olvide que la casa editora tiene mucha más experiencia que usted en eso de poner títulos, y sabe mejor que usted qué clase de títulos se venden y cuáles no. Una vez más, la casa editora es su compañera en el ministerio de la palabra escrita, y debe usted darle espacio para practicar su ministerio y ofrecer su experiencia y sabiduría. En lo que al título se refiere, en el proceso mismo de discutir el proyecto y producir el manuscrito surgirán otros posibles títulos, y a la postre es muy probable que su libro no lleve el título que usted ofreció en su propuesta.

DESCRIPCIÓN DEL LIBRO

Imagínese que ya el libro está impreso y se está preparando el catálogo anunciándoselo a las librerías y al público lector. Allí, bajo la carátula del libro y el nombre suyo, deberá aparecer una breve descripción del libro. Si le tocara a usted escribir esa descripción, ¿qué diría? Si le tocara a otra persona, ¿qué quisiera usted que dijera? O imagínese que usted tiene que explicarle a alguien, en un minuto, qué es lo que está escribiendo. A manera de ejercicio, escriba eso en menos de una página. Pero recuerde que al escribir la audiencia es de suma importancia, y que la audiencia de un catálogo no es la misma que la de una propuesta. Ajuste entonces lo que el catálogo debería decir dirigiéndose ahora a la casa editora.

TABLA DE CONTENIDO Y BOSQUEJO

La tarea de bosquejar y de organizar el material es tan importante, que a ella dedicaremos todo un capítulo. Léalo antes de escribir esta parte de la propuesta. Si el bosquejo está bien hecho, quien lo lea, si sabe algo sobre el tema, podrá ver la lógica y el orden de lo que usted se propone decir. Posiblemente también vea lo que pueda haber de original o de interesante en su libro, así como algunas lagunas que también pudiera haber.

El resumen de lo que se espera decir en cada capítulo también es importante, y lo es más cuanto menos el título mismo del capítulo lo diga. Si, por ejemplo, el título de un capítulo es «La vida de San Agustín», no hay que explicar mucho sobre lo que allí se dirá. Pero si en un libro sobre San Agustín usted va a escribir un capítulo sobre el proceso de su conversión, y le está dando a ese capítulo el título de «Camino al huerto», sí tiene que explicar con más detalles de qué se trata.

En ese bosquejo, siempre es bueno incluir lo que podríamos llamar un «presupuesto del espacio». Lo que quiero decir con esto es el modo en que usted espera distribuir el espacio con que cuenta. Si, por ejemplo, su manuscrito será de 200 páginas, y usted lo dividirá en diez capítulos, ¿tendrán todos la misma extensión? Probablemente algunos serán más importantes, o más complejos, que otros, y necesitarán más espacio. Quizá haya alguno que hay que incluir por razones lógicas, pero que no debe ocupar tanto espacio como los demás. Si en su propuesta, al dar el título de cada capítulo, usted señala el número aproximado de páginas (o, si está trabajando en términos de número de caracteres, el número de ellos), el comité editorial sabrá qué capítulos usted estima más importantes, y cuáles no. Además, como veremos más adelante, esto le será de mucha utilidad a usted al producir el manuscrito mismo.

COMPETENCIA

La importancia de este punto en su propuesta es doble. Por una parte, le ayudará a la casa editora, primero, a determinar si hay un verdadero mercado para su libro. Por ejemplo, si la competencia incluye un libro muy parecido al suyo, y altamente reconocido, la casa tendrá que determinar si el que usted propone es suficientemente diferente de ese otro libro, o suficientemente mejor, para que tenga mercado. En todo el proceso de mercadeo, la casa editora tendrá que buscar el modo de dar a conocer su libro, mostrando en qué modos difiere de los que ya existen.

Por otra parte, esta sección en su propuesta es importante porque ayuda a la casa editorial, o a su comité, a asegurarse de que usted verdaderamente conoce el campo sobre el que se propone escribir. Si al hacer una lista de la posible competencia usted excluye libros fundamentales sobre el tema, esto es índice de que no lo conoce a fondo. Si, por otra parte, usted menciona todos los más importantes, y explica cómo es que su libro será diferente de cada uno de ellos, usted estará mostrando que de veras conoce el campo, que está al día, y que su contribución puede ser valiosa.

AUDIENCIA

El documento que aparece en nuestro Apéndice no pregunta cuál será la audiencia de su libro porque se trata de propuestas para una serie cuya audiencia se ha determinado de antemano y se describe en los materiales acerca de esa serie. Pero en una propuesta para un libro que no será parte de una serie es de suma importancia describir la audiencia a la que usted se dirige, y el uso que usted espera que su libro tenga. Como veremos más adelante, la definición de la audiencia es crucial para la buena comunicación. Luego, lo que usted haga en este sentido en la preparación de su propuesta le ayudará cuando llegue el momento de producir su manuscrito. A usted debe interesarle definir su audiencia, porque sin esa definición es muy difícil llegar a sus posibles lectores.

A la casa editora le interesa la audiencia por otras razones que se relacionan específicamente con el mercadeo. Si su audiencia no está claramente definida, ellos no sabrán cómo ni dónde anunciar o tratar de vender su libro. Pero aun antes de llegar a tal punto, la definición de la audiencia le ayudará a la casa a considerar si su libro resultará económicamente viable o no. Suponga, por ejemplo, que usted dice que su audiencia serán los maestros de jóvenes en clases de escuela dominical. La casa editora sabrá que hay buen número de tales personas, y si así lo desea podrá conversar con algunas de ellas sobre su propuesta, para ver si se trata de algo que verdaderamente será de utilidad y de interés para ellas. La casa podrá determinar también, sobre la base de su experiencia pasada, con cuánta efectividad le es posible alcanzar a tal audiencia. Pero si usted dice que su audiencia son los maestros de jóvenes de origen mexicano en iglesias episcopales en Ohio, la casa editora posiblemente decidirá que la audiencia es demasiado limitada, y que su libro no es económicamente factible.

Todo esto no quiere decir que su propuesta deba limitarse a una sola audiencia. Por ejemplo, el mismo libro que se dirige a maestros de jóvenes también puede ser útil en clases sobre educación cristiana en seminarios e institutos bíblicos, y para pastores y otros líderes que trabajan con jóvenes. Luego, si su libro tiene o puede tener varias audiencias, menciónelas en su propuesta.

FECHA DE ENTREGA

Esta fecha no tiene que ser fija. Por ejemplo, usted puede decir «seis meses después de recibir respuesta positiva sobre esta propuesta». De ese modo, si la casa editora se demora en responder, todavía tendrá usted el tiempo necesario para completar su propuesta.

Frecuentemente hay autores que, unos por razones justificadas y otros por otra, no cumplen con las fechas de entrega. Como hemos señalado antes, esto resulta absolutamente inaceptable en el caso de materiales que llevan fechas, tales como lecciones para la escuela dominical, libros programáticos para la denominación y artículos para revistas o periódicos. En el caso de libros, esto es tan común, que la mayoría de las casas editoras sencillamente le darán más tiempo para producir su manuscrito.

Pero, si por alguna razón no cumple usted con la fecha prometida, entienda que la demora en la publicación de su libro puede ser mucho mayor que su demora en entregar el manuscrito. Volvamos al ejemplo del ingenio que muele caña de azúcar. En los planes de producción de ese ingenio se espera que su carreta llegue a las diez de la mañana. Si usted llega a las diez y media, habrá otras carretas en fila, y usted tendrá que esperar un nuevo turno. Lo mismo sucede en una casa editora que tiene un calendario de producción. Si esperaban su manuscrito para el 15 de febrero, su plan era que la primera corrección estuviera lista para del 15 de marzo, devolvérselo a usted entonces para que usted cotejara las correcciones sugeridas por ellos, recibirlo de usted el 2 de abril, y así sucesivamente, hasta publicar el libro el 15 de diciembre. Pero si, en lugar de entregar su manuscrito el 15 de marzo, usted lo entrega el 2 de abril, ya para esa fecha la persona que iba a darle la primera lectura a su manuscrito estará ocupada en otro proyecto, y el suyo será pospuesto hasta que esa persona tenga tiempo. Lo mismo sucederá con el próximo paso, y con cada uno de ahí en adelante. Luego, el manuscrito que usted entregó con poco más de dos semanas de retraso bien puede publicarse con medio año de demora.

EJEMPLO

Toda propuesta debe ir acompañada de un ejemplo de lo que usted se propone escribir. Si ya usted ha publicado otros materiales—particularmente si los ha publicado con la misma casa editora—es posible que esto no se requiera. Pero la casa editora necesita saber cómo es su estilo, y sobre todo si usted de veras sabe cómo dirigirse a la audiencia propuesta. Si usted dijo que va a escribir para personas con un tercer grado de educación, y manda un ejemplo con oraciones de cuatro líneas cada una, esto es índice de que usted no sabe cómo dirigirse a esa audiencia. La casa editora también necesita ver que usted sabe seguir un orden lógico y claro, que tiene originalidad y frescura, que entiende las preguntas, dudas y necesidades de su audiencia, etc. Ese es el propósito de este ejemplo, y por tanto merece toda su atención.

FORMATO ELECTRÓNICO

Esto se incluye porque las casas editoras desean asegurarse de que usted entiende que la preparación y presentación de un manuscrito en forma electrónica es su responsabilidad, pues resulta costoso digitalizar un manuscrito que se entrega solamente en papel. Hoy son cada vez menos las personas que sencillamente escriben a máquina. Pero la advertencia siempre es útil.

ÉTICA Y ETIQUETA EN ESTAS RELACIONES

Toda relación humana se gobierna por ciertas reglas de ética y etiqueta sin las cuales la relación misma sufre, o hasta se destruye. Lo mismo sucede con las relaciones entre autores y casas editoras. Muchas de las obligaciones por ambas partes se estipulan en el contrato que las formaliza. Sobre ellas trataremos al discutir los contratos. Hay empero otras reglas y advertencias que conviene hacer.

En primer lugar, frecuentemente se me pregunta si resulta aceptable enviar la misma propuesta—o propuestas ligeramente diferentes sobre el mismo libro—a más de una casa editora. En el pasado el consenso era que no. Hoy, sin embargo, puesto que algunas casas demoran bastante en tomar decisiones, se considera aceptable enviar la misma propuesta a varias casas, siempre que se mantenga a cada una informada de lo que se está haciendo. Esto es particularmente importante en dos momentos del proceso: al enviar la propuesta y al llegar a un acuerdo final. Al enviar la propuesta, ésta debe ir acompañada de una carta en la que se diga claramente que la misma propuesta se está sometiendo a la consideración de otras casas editoras. Después, tan pronto como una casa decida publicar el libro, debe usted comunicarse con las otras retirando su propuesta de consideración. La razón de esto es que el estudio, consideración y discusión de una propuesta toma tiempo, y a veces dinero. Como autor o autora, usted tiene la obligación de advertirles para que no continúen invirtiendo recursos en una propuesta que ya no es viable.

Además de esto, respete los conocimientos, experiencia y sabiduría de la casa editora. Pablo sabrá cómo escribir cartas; pero Tíquico sabe cómo mejor llevarlas. Las personas en las casas editoras que sugieren un cambio de estilo o de título lo hacen porque tienen experiencias y conocimientos valiosos. Usted puede entrar en diálogo con ellas respecto a tales temas. Pero a la postre, si usted no respeta su sabiduría, todo el proyecto sufrirá.

Esto es particularmente cierto de aquellos elementos sobre los cuales la casa editora tiene control. Esto incluye el diseño del libro, su precio y su mercadeo. Usted puede sugerir, por ejemplo, una carátula. Posiblemente la casa editora consulte con usted sobre la carátula que se proponen emplear. Pero la decisión les corresponde a ellos, y no a usted. Posiblemente usted piense que un cuadro de Picasso sería una carátula ideal. Pero la casa sabe que el costo del permiso para emplear tal cuadro no se ajusta a sus presupuestos, o que buena parte de su público lector se confundirá con tal portada. En cuanto a cómo y dónde se anuncia o se vende el libro, probablemente la casa editora recibirá con beneplácito sus sugerencias; pero en última instancia la decisión les corresponde a ellos, y no a usted. Respecto a cuestiones más técnicas, tales como el tamaño y formato del libro, el papel que se emplea, y sobre todo el precio a que se vende, el autor debe respetar las decisiones de la casa editora.

Por otra parte, usted sí puede ayudar a la casa en el proceso de publicidad y venta. Por ejemplo, si va usted a dictar una serie de conferencias sobre el tema, es bueno que la casa lo sepa, para el caso de que deseen enviar un representante a vender sus libros, o ponerse en contacto con alguna librería en el lugar en que usted va a hablar.

Una vez más, lo importante en todo esto es el respeto mutuo, y el aprecio hacia el ministerio de la otra parte. Pablo reconoce que Tíquico, además de «hermano querido» es «ministro fiel». El ministerio no es sólo de Pablo, sino también de Tíquico. Si Pablo no reconoce el ministerio de Tíquico, se les hará muy difícil seguir siendo hermanos queridos, y el ministerio de ambos sufrirá. Si, por el contrario, Pablo reconoce y respeta el ministerio fiel de Tíquico, podrán seguir siendo hermanos queridos, y el ministerio todo de la iglesia se beneficiará.

— 4 —
El contrato

El documento que gobierna las relaciones entre la autora o el autor y la casa editora es el contrato. Éste se origina normalmente en la casa editora, quien se lo ofrece al autor. Éste lo estudia y, si concuerda con todo, lo firma, guarda una copia, y le devuelve otra a la casa editora. Normalmente, lo que la casa editora envía es un contrato que ya tiene impreso, y en el cual se llenan variables tales como el nombre del autor, el título provisional del libro, la extensión del mismo, la fecha de entrega y las bases sobre las cuales se pagarán regalías.

Entre los temas que un contrato puede incluir—y normalmente incluye—están los siguientes, que hemos de tratar por orden (aunque en el contrato mismo pueden aparecer en otro orden, o algunas puedan sencillamente no parecer): (1) el compromiso del autor de entregar un manuscrito y por parte de la casa editora de publicarlo; responsabilidades del autor; responsabilidades de la casa editora; (2) derechos de autor; (3) terminación de contrato.

Naturalmente, estamos hablando aquí de contratos en el caso en que se pagarán regalías. Si se trata de un contrato en el que se pagará por tarea, el documento es mucho más sencillo, pues no se incluye nada sobre pagos de regalías u otros derechos, sobre opciones para otras obras, o sobre la terminación del contrato. En tal caso se trata de una sola transacción, después de la cual los derechos le pertenecen a la casa o agencia publicadora, con la sola salvedad de que no podrá hacerle cambios substanciales al texto y atribuírselos al autor.

COMPROMISO POR AMBAS PARTES

En el contrato normalmente se estipula el nombre de la autora y de la casa editora, y se declara que ambos convienen en la publicación de un libro bajo el título provisional de « - - - ». El autor se compromete a entregar un manuscrito de aproximadamente cierta extensión que el contrato estipula, y a hacerlo para cierta fecha. Si, cumplido cierto plazo después de esa fecha, el manuscrito no ha sido entregado, la casa editora tiene la opción de cancelarlo. La casa se compromete a publicar el manuscrito dentro de cierto tiempo después de entregado, pero también se reserva el derecho de declarar que el manuscrito no es aceptable, en cuyo caso el autor puede hacer las revisiones requeridas, o el contrato se puede cancelar. El autor garantiza además que todo lo que se incluye en el manuscrito es obra suya, y que no contiene plagio ni libelo. Y se compromete por cierto tiempo a no escribir otro libro sobre el mismo tema sin antes consultarlo con la casa editora. La razón de esta última estipulación es que la casa editora quiere asegurarse de que el autor mismo no le haga competencia al libro que ha de publicar. Lo más común es que, aunque el contrato estipule que la autora no debe publicar otro libro sobre el mismo tema, la casa editora le conceda al autor permiso para hacerlo, siempre que el nuevo libro sea substancialmente diferente del primero, o que su audiencia y uso sean diferentes—o, como es de suponerse, que sea la misma casa la que ha de publicar la segunda obra.

Casi todos los contratos estipulan que si en el libro se cita extensamente de otra obra, o se incluyen mapas, ilustraciones o cualquier otro material que esté bajo derechos reservados (*copyright*), es responsabilidad del autor obtener los derechos necesarios. (En algunos casos, si hay que pagar tales derechos, la casa editora lo hace, y luego se los descuenta del primer pago al autor.) Por su parte, la casa editora se compromete a publicar el libro, anunciarlo y venderlo, además de informarle a la autora o autor sobre las ventas, y pagarle los derechos correspondientes. Generalmente el contrato le promete al autor un pequeño número de ejemplares del libro, una vez que éste haya sido publicado. (Lo más común es cinco ejemplares, aunque en algunos casos pueden ser solamente dos, y en otros llegar hasta diez.) Frecuentemente el contrato le concede al autor el derecho a comprar con un descuento especial (normalmente el 40%) todos los ejemplares que desee—y a veces la casa editora extiende ese privilegio, de modo que la autora pueda comprar a descuento cualquier libro publicado por la misma casa.

A veces el contrato estipula que la autora o autor le concede a la casa editora la opción de publicar su próximo libro—lo que a veces se llama, en ese lenguaje confuso de los documentos legales, «opción de primera negativa». Lo que esto quiere decir es que, al escribir o proyectar otro libro, el autor ha de proponérselo primero a la casa que ha de publicar el primero, y ésta tiene el derecho de decidir si ha de publicarlo o no. Esto puede resultarle conveniente a quien escribe su primer libro, pues al menos le ofrece un primer contacto para otros. Pero si la autora o autor tiene otros libros en proceso, o si ya ha publicado otros, puede pedirle a la casa que tal cláusula se excluya del contrato, para así evitar confusiones y discusiones acerca de cuál es su próximo libro.

DERECHOS DE AUTOR

Aunque en tiempos pasados se acostumbraba registrar los derechos de un libro (lo que en inglés se llama *copyright*) a nombre del autor, lo más común hoy es que se registre a nombre de la casa editora, y que los derechos del autor o autora se estipulen en el contrato. Esto se hace para facilitar la tarea de quien quiera pedir permiso para citar el libro, pues es mucho más fácil tras el correr de los años localizar una casa editora que un autor o sus herederos. El que el libro esté registrado a nombre de la casa editora no le resta derechos al autor, siempre que tales derechos se incluyan en el contrato.

El contrato le concede a quien escribe el libro varios derechos. El primero de ellos es que cualquier cambio sustancial en el libro, ya sea en esta primera edición o en las subsiguientes, no se hará sin su permiso. De ese modo se protege a la autora contra el peligro de que se le haga decir lo que no desea. Luego, una casa editora responsable consultará siempre al autor o a sus agentes o herederos antes de producir cada nueva edición. (Entiéndase que, de igual modo que imprimir no es publicar, una segunda impresión no es lo mismo que una nueva edición. La casa editora tiene el derecho de reimprimir el libro tantas veces como sea necesario, sin siquiera consultar con el autor—a quien en todo caso le convienen tales reimpresiones. Naturalmente, si una vez publicado el libro el autor descubre—o alguien le señala—errores que deben corregirse, debe hacérselo saber a la casa editora, para que de ser posible tales errores se corrijan antes de reimprimir el libro. Una nueva edición difiere de tal reimpresión por cuanto ha sido revisada y cambiada substancialmente por el autor u otra persona autorizada para ello. Por lo general se considera que una reimpresión puede considerarse nueva edición cuando los cambios incluyen al menos el 15% del material. Esto se hace en parte porque las bibliotecas quieren tener siempre la última edición de un libro, pero no necesariamente la última impresión. De este modo, cuando un libro se anuncia como una nueva edición, los bibliotecarios saben que el libro es substancialmente diferente del anterior, y pueden decidir si desean esta nueva edición o no.)

El contrato también estipula si los derechos son mundiales, y qué idiomas incluye. La mayoría de las casas editoras insiste en los derechos mundiales, pues resulta complicado, por ejemplo, publicar un libro en México y no poder venderlo en Argentina o Canadá. En cuanto a los idiomas, muchos contratos ya impresos dicen algo así como «en todos los idiomas». Si la autora o autor tiene razones para reservarse los derechos en alguna lengua, esto es negociable. Pero es bueno recordar que las casas editoras tienen contactos internacionales que el autor posiblemente no tiene. (Mi propia práctica es generalmente negociar con las casas editoras para conservar los derechos en inglés, español y portugués, pues para esas lenguas tengo suficientes contactos con casas editoras. Además, no quisiera que alguien tradujera algo que he escrito, por ejemplo, del inglés al castellano, y que se publique entonces como obra mía algo que no refleje mi propio estilo. Por ello si el libro original está, por ejemplo, en inglés, trato de que el contrato, o bien excluya el español y el portugués, o bien sea sólo para el inglés.)

En lo económico, el contrato estipula las regalías que se le pagarán al autor. Normalmente lo primero que se dice es cuál será el por ciento de tales regalías, y sobre qué base. (Recuérdese lo que hemos dicho en otro capítulo, en el sentido de que las ventas netas son aproximadamente la mitad del precio de venta al público, y que por tanto un contrato con regalías de, por ejemplo, un 7.5% sobre el precio de venta al público—o precio de lista—es más ventajoso para el autor que un contrato al 10% sobre las ventas netas.)

Luego siguen otros detalles respecto a regalías y derechos. Frecuentemente hay una cláusula que se refiere a las ventas en grandes cantidades y descuentos, en cuyo caso se establecen regalías más bajas que en las ventas corrientes.

También es común incluir alguna cláusula sobre «derechos subsidiarios». Esto se refiere a los ingresos que la casa editora tenga al concederles derechos a otras casas o medios de publicación. Los más comunes son los derechos de traducción (si el autor no se los ha reservado), los derechos para citar o fotocopiar partes del libro, y los derechos en caso de publicación electrónica. Todo esto lo maneja la casa editora. Luego, si usted ha publicado un libro y no se ha reservado los derechos en japonés, por ejemplo, quien quiera publicarlo en japonés deberá negociar con la casa editora, y no con usted. Lo mismo respecto a alguna profesora que quiera fotocopiar un capítulo de su libro para repartirlo en clase, a algún autor que quiera citarle extensamente, o a quien quiera reproducir su libro como parte de una biblioteca digitalizada. De todo esto se ocupa la casa editora, y lo normal es que las entradas que resulten de tales gestiones se dividan en partes iguales entre ella y el autor.

Por último, el contrato debe decir en qué fechas y con cuanta regularidad se le informará al autor sobre las ventas y se le pagará lo que le corresponda. Algunas casas mayores hacen esto dos veces al año, pero cada vez es más común hacerlo anualmente. A veces, para simplificar la contabilidad, el contrato dice que si lo que se adeuda es menos de cierta cantidad, el pago se retendrá hasta que se sobrepase esa cantidad—lo cual se hace para evitar tener que hacer cheques de diez o doce dólares. Frecuentemente, la casa retiene cierta porción de lo adeudado como una reserva, para el caso de que las librerías devuelvan libros que se suponía haber vendido. Tal reserva se le acredita entonces al autor en el próximo pago—del que a su vez se retiene una nueva reserva.

TERMINACIÓN DEL CONTRATO

Por último, el contrato estipula algunas de las posibles condiciones que le darán término. La más común es que el libro se agote y la casa editora no lo reimprima dentro de cierto tiempo. En tal caso, el contrato se da por terminado y todos los derechos regresan al autor. Cuando tal sucede, la casa editora certifica el hecho, y sobre la base de tal certificado el autor puede hacer arreglos para que otra casa publique el libro.

CONTRATOS SUBSIDIARIOS

En algunos casos, quien hace el contrato con la casa editora no es el autor o autora, sino una agencia que a su vez contrata con quien ha de escribir el libro. En tales casos hay dos contratos: El primero es el contrato entre la agencia y la casa editora, e incluye la mayoría de los elementos que acabamos de bosquejar. El segundo es el contrato entre la agencia y la autora, que tiene las características de un contrato por tarea. Tal es el caso, por ejemplo, de la serie *Ministerio*, de la que este libro es parte. Para esta serie, la Asociación para la Educación Teológica Hispana (AETH) recauda los fondos necesarios para la publicación de cada libro, y entonces contrata con la casa Abingdon Press para esa publicación. Es en ese contrato principal donde se estipulan derechos y obligaciones semejantes a los que acabamos de describir. Pero entonces AETH hace un contrato mucho más breve en el que establece su relación con el autor o autora, quien recibe una cantidad fija por la tarea de escribir el libro.

MANOS A LA OBRA

La lectora o lector se habrá percatado de que se empieza a escribir un libro antes de escribir la primera página, y el proceso incluye la concepción misma del libro y los contactos con posibles casas editoras, hasta llegar al momento en que se recibe el contrato. Puesto que la propuesta que se le envió a la casa editora incluye una muestra, ya se habrá escrito parte del material. Pero es ahora, una vez firmado el contrato, que comienza la tarea de producir el manuscrito.

5

El bosquejo y la investigación

IMPORTANCIA Y NATURALEZA DEL BOSQUEJO

Hace años, un amigo vino a verme porque le habían devuelto un manuscrito sobre el cual había trabajado varios años, y le habían dicho que el argumento estaba confuso, que algunas veces se repetía a sí mismo, y que por tanto tenía que volver a escribir todo el material. Me confesó entonces que, aunque me había oído hablar repetidamente sobre la importancia de dedicarle tiempo a la preparación de un bosquejo, pensó que ya él sabía lo suficiente sobre el asunto a tratar, y que por tanto no tenía que hacer más que escribirlo. A partir de entonces, el recuerdo de su dolor y decepción me han llevado a insistir más que antes en la importancia de dedicarle al bosquejo todo el tiempo y cuidado necesarios.

Una de las tareas más importantes en el proceso de escribir—y quizá la más frecuentemente descuidada—es producir, pulir y desarrollar el bosquejo. Creo que no exagero al decir que cuando escribo la tarea de bosquejar ocupa al menos tanto tiempo como la de escribir. Tampoco exagero al decir que, si el bosquejo está bien hecho, y si se bosqueja todo hasta el último detalle, el libro prácticamente se escribe solo. Y, al tiempo que un buen bosquejo es una gran ayuda para quien escribe, lo es todavía más para quien lee. Un bosquejo es un orden lógico, de tal modo que quien escribe sabe qué es lo próximo que ha de decir, y quien lee sabe— o al menos se imagina—de qué se va a tratar después.

Por otra parte, el bosquejo no depende solamente del autor, sino también del asunto a ser tratado. En cierto modo, la construcción de un bosquejo es como la talla de un diamante. Quien va a tallar un diamante, primero lo estudia con cuidado. A veces pasa días enteros estudiándolo, hasta que descubre, dentro del diamante mismo, las líneas que han de guiar la talla. Es entonces, siguiendo esas líneas, que el buen tallador divide el diamante. Algo semejante ocurre en la confección de un bosquejo. No todas las líneas divisorias dependen de quien escribe, sino que algunas van dictaminadas por el tema mismo. Si usted va a escribir un comentario sobre Juan, el orden y las divisiones de ese Evangelio deberán reflejarse en su bosquejo. No puede usted sencillamente comenzar por el capítulo diez, porque le gusta más, y de allí saltar al ocho sin más explicación. Tampoco puede usted empezar por el primer versículo y tratar todo el libro como si fuera una larga longaniza que puede dividirse donde a usted le parezca. Al contrario, estudia usted el Evangelio hasta que empieza a ver sus divisiones principales—que no siempre son las de los capítulos y versículos en que alguien los dividió. Su bosquejo entonces se construye en torno a esas divisiones, aunque usted le imprime también su sello al bosquejo sobre la base de sus propios intereses y de su interpretación del Evangelio de Juan. Si, por otra parte, se trata de un libro de historia, buscamos aquellos puntos cruciales en los cuales hay grandes cambios—por ejemplo, la conversión de Constantino o la Reforma del siglo dieciséis—y hacemos de ellos líneas divisorias en nuestra narración. Pero, como en el caso del comentario sobre Juan, también le damos nuestro propio giro a la narración, y nuestras divisiones reflejarán tanto el curso mismo de la historia como el modo en que la leemos e interpretamos.

También en esto es la construcción de un bosquejo semejante a la talla de un diamante. Quien lo talla no puede dividirlo como le parece, sino que ha de tomar en cuenta su naturaleza interna. Pero tampoco puede limitarse a lo que el diamante mismo determina, sino que al tiempo que sigue esas líneas internas le da una forma específica y una serie de facetas que el tallador mismo determina.

O, ya que pocos hemos visto tallar un diamante, tomemos un ejemplo de la vida cotidiana, el proceso de cortar una cebolla. La cebolla tiene sus líneas internas de división, y usted tiene que tomarlas en cuenta. Pero, aun respetando esas líneas, puede usted decidir cortar la cebolla de diversas maneras, de modo que unas veces resulten círculos, otras veces secciones arqueadas, y otras pequeños pedazos.

LAS DIVISIONES PRINCIPALES

Resulta claro que en la construcción de un bosquejo se ha de comenzar primero por las divisiones principales, para luego pasar a subdividir cada una de ellas en otras de nivel inferior. Puesto que la realidad de la vida nunca se ajusta a los patrones lógicos, ningún bosquejo es perfecto. Siempre hay más de un modo de bosquejar un material, y siempre hay algo que no encaja exactamente en nuestros patrones. Pero sí podemos hacer un serio esfuerzo por producir el mejor bosquejo que nos sea posible.

En mi experiencia, el mejor modo de preparar un bosquejo es primero dividir el material en grandes secciones y entonces, antes de pensar en subdivisiones, repasar rápidamente las diversas ideas o puntos que debo presentar en el curso del libro. Siempre habrá algún punto que puede encajar en más de un lugar en el bosquejo. Pero cada uno de ellos es una advertencia de que quizá el bosquejo mismo podría mejorarse. Imagínese usted que es un secretario que tiene que archivar los materiales que la jefa le vaya dando. Usted no puede sencillamente decidir que algunos documentos no son importantes, y por tanto dejarlos fuera del archivo. Lo que usted tendrá que hacer es, primero, concebir un sistema de archivos en el que cada documento tenga su lugar lógico. Según van llegando los documentos, usted los archiva. Pero pronto la jefa empieza a entregarle documentos que, sobre la base del sistema que usted ha preparado, podrían archivarse en dos o tres lugares distintos. Si son dos o tres documentos, usted decide en cuál de los varios posibles archivos colocarlos. Pero mientras más sean, más difícil se le hará encontrarlos cuando la jefa se los pida. También le llegan otros documentos para los que no hay lugar específico, y usted sencillamente los clasifica como «misceláneos». Si este último archivo crece sobremanera, se vuelve inútil, pues tampoco allí podrá usted encontrar con facilidad algún documento específico. Si usted es buen secretario, lo que usted hace es que cada vez que le llega un documento que podría archivarse en varios lugares diferentes, y cada vez que le llega otro que hay que clasificar como misceláneo, usted se pregunta si no habrá algún modo de reorganizar el archivo para que se ajuste mejor a la realidad de los documentos que van llegando. De momento, la tarea de reorganizar el archivo le puede parecer difícil; pero si no lo hace, se le hará cada vez más difícil encontrar documentos específicos, y a la postre tendrá que reorganizarlo todo.

Un bosquejo es como un sistema de archivo de temas, puntos e ideas. En un buen bosquejo, tanto usted como quien luego lea lo que usted escribe sabrá por qué cierto tema, punto o idea está donde está, y no antes ni después.

Luego, una vez que usted ha dividido el material en grandes secciones o capítulos, es bueno repasar rápidamente los temas principales que habrá que discutir en su libro, ver cuántas de ellas podrían incluirse en más de un capítulo y cuántas no encajan verdaderamente en ninguno de ellos, y pensar en la posibilidad de hacer otras divisiones que se ajusten mejor a la naturaleza del tema y a los puntos a ser tratados.

LA DISTRIBUCIÓN DEL ESPACIO

Estas divisiones principales le ayudarán, no sólo a seguir un orden lógico, sino también a distribuir adecuadamente el espacio con el que usted cuenta. Si un manuscrito ha de tener, digamos, 200 páginas, y usted ha decidido dividirlo en veinte secciones, esto quiere decir que, como promedio, cada una de ellas deberá tener diez páginas. Naturalmente, usted no está obligado a ajustarse a ese número en cada sección. Pero debe saber que si le dedica doce páginas a una de ellas, otra tendrá que limitarse a ocho. Luego, un ejercicio útil es, una vez determinadas las secciones principales, distribuir entre ellas el espacio de que se dispone.

Esto evitará el problema con que se topan algunos autores, que sencillamente escriben y escriben sobre el primer capítulo, y al llegar al último son tan parcos en lo que dicen que tal pareciera que tenían prisa por terminar el libro, cuando lo que sucedió en realidad fue que no tenían ya espacio para ser tan prolijos como lo fueron en los primeros capítulos.

SUBDIVISIONES

El proceso de subdividir las secciones principales es semejante al anterior, y se le ha de aplicar el mismo procedimiento. También aquí se debe dividir el material y comprobar en qué medida lo que se ha de incluir en cada sección principal se ajusta a las subdivisiones que proyectamos. Una vez más, si hay mucho material que no encaja clara y naturalmente en una de las subdivisiones propuestas, es hora de pensar en la posibilidad de subdividir el capítulo o sección principal de otro modo. Y también aquí es bueno aprovechar el proceso mismo de bosquejar para determinar el espacio que se le ha de adjudicar a cada subdivisión. Si, como en el ejemplo anterior, el capítulo que estoy bosquejando ha de tener diez páginas, y pienso dividirlo en cuatro, esto quiere decir que cada una de estas subdivisiones deberá tener un promedio de dos páginas y media. Si decido que el capítulo deberá tener una página de introducción y otra de conclusión, me quedarán ocho, o un promedio de dos por sección. Y si a una de ellas le dedico tres páginas, tendré que buscar el modo de ahorrar una entre las otras tres.

¿Hasta qué punto se ha de llevar este proceso de dividir y subdividir? Por extraño y exagerado que parezca, yo diría que hasta el nivel de las oraciones individuales. Esto no quiere decir que deba usted escribir un bosquejo detallado que lleve hasta tal punto. Pero sí quiere decir que, al llegar al punto de escribir, lo primero que hago es pensar en el orden lógico de lo que ha de decirse en una sección. Hecha en mi mente la lista de las ideas principales, paso entonces a escribir un párrafo sobre cada una de ellas—o a subdividirla en varias ideas menores, y dedicarle un párrafo a cada una de ellas. Llega entonces el momento de escribir el párrafo, y también en ese nivel considero el orden lógico en que las cosas han de decirse, y organizo mis oraciones según ese orden lógico. El resultado es entonces que se le hace más fácil a quien lee seguir el curso de mi pensamiento, y la lectura misma se le hace por tanto más amena.

EL BOSQUEJO Y LA INVESTIGACIÓN

El desarrollo del bosquejo es paralelo a la investigación, y ayuda en ella. Para dar los primeros pasos en el bosquejo, tiene usted que haber hecho suficiente investigación—o conocer el tema por cualquier otro modo—para hacer un bosquejo que se ajuste al tema y su contenido. Para citar un ejemplo extremo, en el caso de lo que dijimos arriba acerca de un libro sobre la historia de la iglesia, tiene usted que saber al menos suficiente historia para saber cuáles son los períodos principales en que va a dividir la historia. Lo que resulta obvio en ese ejemplo es también cierto en cualquiera otro. Si va a escribir usted sobre el ministerio entre personas de la tercera edad, tiene que saber usted—mediante la experiencia y el estudio—lo suficiente como para incluir en su bosquejo los principales temas a tratar. Tiene que saber usted algo sobre el proceso de envejecer, tanto en el plano médico y científico como en el plano de los retos a que se enfrentan a diario las personas de la tercera edad. Tiene que saber algo acerca de los programas existentes. Tiene que conocer los mejores estudios sobre el tema. Sobre la base de esos conocimientos, comienza usted a desarrollar su bosquejo.

Pero la otra cara de la moneda es que, si hace usted un buen bosquejo, no tiene que saberlo todo antes de empezar a escribir. Tal cosa bien puede ser necesaria, si lo que usted va a escribir es un informe sobre una serie de experimentos. Naturalmente, en tal caso es necesario haber completado los experimentos antes de escribir mucho acerca de ellos. Pero en la mayoría de los casos puede usted organizar su investigación en torno al bosquejo y su desarrollo.

Digamos que se trata, por ejemplo del libro sobre la tercera edad que ya hemos mencionado. Si bien tiene usted que conocer lo que ya se ha dicho, no es necesario antes de empezar a escribir saber todo lo que va a decir ni tener todos los datos pertinentes. Por ejemplo, si hay varios estudios sobre el síndrome de Altzheimer, no tiene usted que leerlos con detenimiento hasta tanto no llegue el momento de escribir acerca de ese tema. De igual modo, no tiene usted que estudiar todas las estadísticas sobre la demografía y las consecuencias económicas del envejecimiento sino cuando, siguiendo su bosquejo, llegue usted al punto en que tales estadísticas son pertinentes. En el entretanto, basta con que usted sepa de la existencia de tales estadísticas, y algunos de sus datos principales. Luego, un buen bosquejo le ayuda, no sólo a escribir en orden, sino también a investigar en orden.

Lo que es más, un buen bosquejo—sobre todo si lo que usted escribe no es altamente técnico o especializado—le pueda ahorrar buena parte de la tarea de tomar notas. Si, en el proceso de leer para el capítulo 1, se topa usted con algo que podrá servirle para el 3, no tiene usted que copiarlo todo, sino sencillamente anotar un breve recordatorio de que, al llegar al capítulo 3, deberá usted leer tales o cuales páginas de tal o cual libro.

Y, como si eso fuera poco, un buen bosquejo puede también ayudarle a limitar la investigación misma. Supongamos otra vez que está escribiendo un libro sobre el ministerio entre personas de la tercera edad. Los libros y estudios sobre el síndrome de Altzheimer se cuentan por centenares. Pero usted sabe que, dado su bosquejo, no podrá dedicarle a este tema más que tres páginas. Sobre esa base, puede usted leer algunos de los mejores estudios—asesorándose posiblemente de alguien que sepa discernir entre ellos—y leer solamente lo necesario para las tres páginas que su libro ha de incluir. De otro modo, nunca completaría usted la investigación para su libro, pues siempre hay algo más que leer sobre cada uno de varias docenas de temas que usted va a tocar en su manuscrito. De hecho, en círculos académicos, en los que frecuentemente se insiste que los docentes han de escribir y publicar sus estudios, son muchos los casos de quienes no publican nada porque no se atreven a ello hasta tanto no hayan leído y estudiado todos los materiales que de algún modo pudieran ser pertinentes a algunos de los temas secundarios o terciarios. Puesto que tal cosa es físicamente imposible, todo se queda en el tintero, y, a la postre, la carrera académica de la persona sufre o se trunca.

Luego, la conclusión de todo este capítulo es sencillamente que el tiempo que se le dedica a hacer, corregir y ampliar un bosquejo no es tiempo perdido, sino todo lo contrario. Si alguien me pidiera que le dijera en tres palabras cómo escribir, mi respuesta sería: «¡Bosqueje! ¡Bosqueje! ¡Bosqueje!»

MANOS A LA OBRA

La lectora o lector se habrá percatado de que se empieza a escribir un libro antes de escribir la primera página, y el proceso incluye la concepción misma del libro y los contactos con posibles casas editoras, hasta llegar al momento en que se recibe el contrato. Puesto que la propuesta que se le envió a la casa editora incluye una muestra, ya se habrá escrito parte del material. Pero es ahora, una vez firmado el contrato, que comienza la tarea de producir el manuscrito.

6

La audiencia

Llamar «audiencia» a quien ha de leer lo que escribimos no es del todo exacto, pues «audiencia» viene de la misma raíz que «oír». Pero, puesto que la palabra «leencia» no existe, y puesto que sería muy largo y engorroso decir «el posible público lector», usamos aquí la palabra «audiencia» para referirnos al conjunto de personas que se espera han de leer y utilizar lo que escribimos.

En el proceso de escribir, la tarea de determinar la audiencia es tan importante como la de bosquejar. Lo que es más, uno de los problemas con los que más frecuentemente se topan los editores al considerar manuscritos o propuestas para la publicación es la falta de claridad y firmeza en lo que a la audiencia se refiere. Por ello el proceso de determinar la audiencia, y de dirigirse directamente a ella, nos ocupará en el presente capítulo.

LA DEFINICIÓN DE LA AUDIENCIA EN LA PROPUESTA

En el capítulo 3 ya hemos tratado de las razones por las que a la casa editora le interesa saber a qué audiencia su proyecto se dirige. Por tanto, le referimos ante todo a esas páginas. Pero el tema de la audiencia es tan importante, que bien merece abundar sobre él.

Al preparar su propuesta, y pensar en la audiencia a la que usted desea dirigirse, y cómo eso se relaciona con la casa editora, un buen método es tomar unos cuantos libros publicados por la misma casa—o, si se trata de una serie como ésta, unos cuantos libros de la serie. Léalos pensando no tanto en lo que dicen, sino a quién le puede interesar lo que dicen. Piense en las personas que usted conoce que quizá hayan leído o pudieran leer alguno de esos libros. Hable con ellas. Si no conocen los libros, déselos a conocer, y al poco tiempo pregúnteles qué le parecieron. Así irá usted perfilando el tipo de persona a que se dirige el material—o al menos esta parte del material—que publica cierta casa editora o que se incluye en cierta serie.Tomemos por ejemplo la serie de *Introducciones* que AETH y la casa Abingdon están publicando. No cabe duda de que cada uno de esos libros es diferente de los demás en cuanto a su tema, a su estilo, y en cierta medida hasta en su tamaño. Lo que todos tienen en común—o al menos esperan tener en común—es su audiencia. Déle usted uno de esos libros a un miembro de su iglesia recién convertido, con una educación de escuela primaria, y posiblemente, si es sincero, le dirá que no lo entiende y que no le interesa mucho. Déselo a una profesora universitaria en el campo de que el libro trata, y posiblemente le dirá que, aunque lo que dice es bueno, ya ella lo sabía, y por tanto no le interesó personalmente. Pero, si la serie está llenando su cometido, también le dirá que el libro le interesa para dárselo a sus estudiantes principiantes. Llévelo entonces a un buen instituto bíblico, y hágale la misma pregunta al profesor. Probablemente allí también le dirán que el libro es útil para estudiantes que no tienen mucho tiempo para leer extensamente, cuya educación quizá es limitada, pero que sí tienen deseos de aprender y se interesan en temas bíblicos, teológicos y doctrinales. Reuniendo todos esos datos, llegará usted a la conclusión de que esos libros se dirigen a un público cristiano interesado en tales temas, pero no a nivel avanzado. Verá también que el modo en que esos libros tratan de dirigirse a tales personas no es condescendiente, sino más bien estimulante y retador. Así llegará usted a la conclusión de que la audiencia a que la serie trata de llegar es precisamente esa población dentro de nuestras iglesias verdaderamente interesadas en los estudios bíblicos y teológicos, pero no especialistas en la materia, y que quieren que se les presenten los materiales con seriedad y respeto, pero sin complicaciones innecesarias. Una vez que llega usted a esta conclusión, sabrá si lo que se propone escribir debe presentárselo a esta serie, o a otra casa o serie.

Para propósitos de la propuesta misma, trate de imaginar el número de personas que puede haber semejantes a éstas a quienes usted conoce y a quienes puede interesarle lo que usted va a escribir. En este punto, es bueno tratar de trabajar con cierta objetividad. Por ejemplo, si usted es pastora, y quienes se muestran interesados en lo que usted tiene que decir son todos miembros de su iglesia, tome en consideración la posibilidad de que quienes no le conocen a usted no tengan el mismo interés. Pero al mismo tiempo, amplíe su visión. Si usted se propone escribir para maestros de jóvenes en la escuela dominical, no piense solamente en quienes usted conoce, sino piense en el vasto número de tales personas que hay en todas las iglesias de habla hispana a donde lo que usted escriba puede llegar.

Todavía pensando en su propuesta, piense en posibles audiencias secundarias. ¿A quién puede interesarle lo que me propongo escribir, aparte de la audiencia primaria que ya he definido? Si mi trabajo fuera anunciar, distribuir y vender el libro, ¿qué canales seguiría? ¿En qué revistas, programas de radio y televisión, reuniones y asambleas lo anunciaría? ¿Por qué pienso que mi libro tendría acogida entre quienes leen esas revistas, escuchan o ven esos programas, y asisten a tales asambleas? Todo esto le ayudará a incluir en su propuesta una definición de su audiencia que sea clara y precisa, pero al mismo tiempo amplia.

LA DEFINICIÓN DE LA AUDIENCIA COMO AYUDA EN EL PROCESO DE ESCRIBIR

Pero con eso no basta. Es necesario que usted también defina su audiencia para sus propios propósitos, y que la tenga constantemente presente mientras escribe. Uno de los problemas que veo con mayor frecuencia cuando se me pide que lea un manuscrito es que la audiencia, por así decir, resbala o patina. Un autor empieza escribiendo un libro de manera sencilla, directa, que les interesará, para continuar con el mismo ejemplo, a los maestros y maestras de jóvenes. Pero luego, al llegar al tercer capítulo, empieza a escribir sobre la psicología de la juventud usando términos técnicos, y criticando una teoría mientras defiende otra. Sus argumentos son sólidos, y no cabe duda de que lo que está diciendo muestra que conoce el campo, y hasta quizá que tiene algo nuevo que decir y que los especialistas deberían escuchar. El resultado es desastroso. Quienes empezaron a leer el libro y se entusiasmaron pensando que podría ayudarles en su tarea de enseñar clases de jóvenes y dirigir a esos jóvenes en la vida cristiana, al llegar al segundo capítulo no entienden mucho de lo que se está diciendo; si lo entienden, no les interesa; y si les interesa, no ven cómo eso se relaciona con su tarea concreta entre los jóvenes de la iglesia. Luego, tras leer unas páginas de ese segundo capítulo abandonarán el libro, y no llegarán a otra materia valiosa que podrían encontrar más adelante. Mientras tanto otra lectora, doctora en psicología e interesada particularmente en investigar la psicología de la juventud, y que por tanto leería con gusto y provecho el segundo capítulo del libro, no lo lee, porque las primeras páginas del libro mismo le han indicado que no se dirige a ella o a sus intereses. Lo que ha sucedido en tal caso es que la audiencia ha resbalado—o mejor, que el autor ha resbalado respecto a su audiencia—y que por tanto el libro ha perdido buena parte de su atractivo y utilidad.

¿Cómo evitar esto? Sencillamente definiendo su audiencia, no ya para la propuesta, sino para la tarea misma de escribir, de manera todavía más precisa que en la propuesta. Piense en personas de carne y hueso a quienes usted conoce por nombre y que podrían ser parte de su audiencia, y forme en su mente un grupo de unas ocho a diez personas. Si su proyecto incluye audiencias secundarias, asegúrese de que tales audiencias también estén representadas.

Expliquemos esto volviendo al ejemplo de un libro para maestros de jóvenes. ¿Quiénes ejercen tal función en su iglesia, o en otras iglesias que usted conoce? Esa es su audiencia primaria. ¿Quiénes se interesarán en su libro porque tienen la tarea de preparar y adiestrar a tales maestros? ¿Los profesores de educación cristiana en institutos bíblicos, colegios bíblicos o seminarios? ¿Quiénes supervisan a esos maestros? ¿Directores de educación cristiana en la iglesia local o en otros niveles de varias denominaciones? Sobre la base de esas preguntas, confeccione su lista de ocho a diez personas que formarán su audiencia en el proceso de escribir. Esa lista sería entonces algo así como:

1) María, maestra de la clase de jóvenes en mi iglesia
2) Pedro, consejero del grupo de jóvenes
3) Josefa, maestra en la iglesia bautista del barrio de San Pablo
4) Osvaldo, joven líder de un grupo de jóvenes
5) Luz María, directora de educación cristiana para las iglesias presbiterianas del municipio
6) Ernestina, maestra de educación cristiana en el instituto de la Iglesia Wesleyana
7) Virginia, directora de la revista para jóvenes de los Discípulos de Cristo
8) Jacobo, pastor que se interesa mucho en el trabajo entre jóvenes
9) David, maestro de educación cristiana en el seminario metodista

Sin que esas personas lo sepan ni lo sospechen, ellas serán su audiencia inmediata. Al escribir, imaginará usted que las tiene presentes, y de vez en cuando preguntará, «María, ¿qué te parece esto que acabo de decir? Y tú, Jacobo, ¿qué piensas?» Si en su mente Jacobo le dice que no entiende lo que usted está diciendo, o María le dice que está aburrida, esto es indicio de que no está usted escribiendo para la audiencia que se había propuesto.

Si usted lo desea, puede compartir con esas personas algo de lo que va escribiendo—es decir, compartir, no ya en la imaginación, sino en la realidad. Invítelas a comentar sobre lo que usted les da. Pregúnteles si hay algo que hubieran querido ver en lo que usted escribe, pero que no está. Pregúnteles si el orden en que se dicen las cosas es el mejor (con lo cual volvemos a la importancia del bosquejo). Invítelas a sugerir cambios, añadiduras y aclaraciones. (Cuando empezaba yo mi carrera docente, una vez establecí, como trabajo de clase, que cada alumno leyera un capítulo de un libro que estaba escribiendo y me dijera lo que faltaba o lo que no estaba bien. Algunos alumnos de excepcional capacidad me ofrecieron ayudas bibliográficas y comentarios penetrantes. Pero en cierto modo quienes más me ayudaron fueron los otros, quienes señalaron lo que no entendieron o entendieron mal. Su confusión, que de momento me sorprendió, me ayudó a evitar confusiones semejantes por parte de otros lectores que no tendrían, como tuvieron ellos, la oportunidad de preguntarme lo que algo que yo había escrito quería decir.)

Sea que usted comparta sus materiales físicamente con algunas personas en su audiencia, o sea que lo haga sólo en su imaginación, la presencia de esa audiencia le ayudará en la difícil disciplina de dirigirse siempre y constantemente a la misma audiencia.

Todo esto nos lleva a la disciplina de escribir, y a algunas sugerencias más prácticas en cuanto a la técnica de la escritura misma.

7

Disciplina y técnica al escribir

EL ESCRIBIR COMO DISCIPLINA

Una de las preguntas más frecuentes que se me hacen cuando conduzco seminarios o talleres para escritores es qué disciplina sigo al escribir o, lo que para algunas personas es lo mismo, cuántas horas al día le dedico a esa tarea. Lo cierto es que, si la disciplina consiste en apartar horas específicas a escribir, o a investigar y leer con el propósito de escribir algo, soy una persona bastante indisciplinada. Frecuentemente pasan días enteros en los que no escribo nada, y otros en los que leo o escribo bien poco. Hay personas mucho más organizadas, que tienen horas fijas dedicadas a la investigación y la escritura; pero yo no soy una de ellas.

Ello no quiere decir, sin embargo, que no tenga una disciplina—aunque se trate de una disciplina tan mía que desde fuera pueda parecer mera indisciplina. Aunque no tengo horas fijas, trato de pasar tanto tiempo en mi oficina como puedo. Y cuando estoy allí, evito todo lo que pueda ser distracción. Si tengo que hacer varias llamadas telefónicas, hago una lista y las hago todas de una vez. Lo mismo hago con el correo electrónico: lo leo al comenzar el día y—salvo el caso de que esté esperando respuesta urgente a alguna cuestión—no vuelvo a mirarlo sino varias horas después, normalmente al terminar el día o temprano después de la cena.

En la red cibernética, no entro sino cuando lo necesito para investigar alguna cuestión. Tampoco miro allí cada pocos minutos para ver qué noticias hay, cómo va la bolsa de valores, u otros asuntos semejantes.

¿Por qué evito tales distracciones? No porque no me atraigan, sino todo lo contrario. Las evito porque, si entro a la red cibernética, puedo pasar horas navegando por ella sin ir a ninguna parte; y, si me dejo llevar por algún juego en la computadora u ordenador, si pierdo quiero jugar hasta que gane; y si gano me entusiasmo y quiero seguir jugando. Por lo tanto, parte de mi disciplina consiste en posponer todo esto para cuando tiene término obligatorio—por ejemplo, los últimos minutos antes del almuerzo o la cena.

Pero hay otra razón, y es que la experiencia me dice que la primera media hora dedicada a la tarea de escribir es tiempo casi totalmente perdido, o al menos improductivo. Ése es el tiempo que me toma volver a ponerme en sintonía con lo que estaba haciendo antes, y empezar a escribir de nuevo. Entonces, la segunda media hora empiezo a tomar impulso, y a partir de ahí las palabras parecen fluir. Luego, si cada media hora me detengo para hacer una llamada telefónica o para leer el correo electrónico, nunca llegaré al momento más productivo del día. El famoso escritor C.S. Forrester decía que para él el escribir era como una montaña rusa. Al principio, vacilaba en montarse, pues sabía que una vez en ella no podría detenerse. Luego venía la lenta y trabajosa subida a la primera cima de la montaña. Y por fin llegaba el momento de la carrera vertiginosa e indetenible, al mismo tiempo agotadora y emocionante. Pues bien, a mí me sucede algo parecido. Si algún día lo pienso mucho antes de empezar a escribir, ya a media mañana decido que el día está perdido, y no monto a la montaña rusa. Si monto, la primera media hora es la difícil subida de Forrester. Pero después de llegar a la cima, comienzo a cobrar impulso y no quiero detenerme.

Por todo ello, cuando se me pregunta acerca de la disciplina en la tarea de escribir, mi respuesta es que cada persona debe encontrar su propia disciplina, según su conocimiento de sí misma, de sus mejores condiciones de trabajo y de las interrupciones que más le tientan y detienen. La disciplina ciertamente es necesaria; pero no puede ni debe ser la misma para toda persona.

A veces, tal disciplina es algo forzado o hasta ridículo que uno mismo se impone. Mi esposa nunca olvida—y se mofa cada vez que recuerda—una ocasión en que yo tenía que escribir algo que en realidad no me llamaba la atención. Puse delante de mí un plato con maní—o cacahuetes, como se dice en otros países—y me hice el propósito de no comer sino un maní al terminar cada párrafo. Todos sabemos cuán difícil es comer un solo maní, y no seguir. Pero, por decisión propia, a mí no me quedaba otro remedio que seguir escribiendo para poder comer el próximo maní. Poco a poco fui tomando impulso en lo que escribía, que me fue interesando cada vez más, ¡y al llegar a la cuarta página recordé que se me había olvidado el maní!

Pero el modo más común y eficaz de imponerse cierta disciplina es contraer la obligación de entregar algún material en una fecha específica. Como dije en otro capítulo, hay ciertos materiales—particularmente las lecciones para la escuela dominical y los libros programáticos de alguna denominación—que resulta absolutamente necesario entregar a tiempo. Comprometerse a escribir tales materiales es un buen modo de establecer una disciplina, pues uno sabe que si no cumple con la fecha prometida quedará mal. Algo semejante sucede con las fechas de entrega de libros bajo contrato. Como expliqué más arriba, en tales casos las fechas de entrega no tienen la obligatoriedad absoluta de los materiales programáticos. Pero un buen modo de forzarse a crear una disciplina en la escritura es firmar contratos con fechas de entrega, y hacer del cumplimiento de tales compromisos cuestión de orgullo propio. En algunas ocasiones, cuando me ha parecido que estoy perdiendo la disciplina, he firmado contratos con fechas casi imposibles de cumplir, para así obligarme a volver a la disciplina. Pero hay que tener cuidado con esto, pues una vez que el contrato no se cumple, y sabemos que hemos quedado mal, es posible posponerlo indefinidamente, lo cual naturalmente va en detrimento de la disciplina. Así, conozco el caso de un amigo que firmó un contrato para hace varios años, y casi lo cumplió. Pero le faltaba un capítulo cuando otras tareas vinieron a interrumpirle... ¡y todavía hoy le falta el mismo capítulo!

La disciplina en el pensamiento

Hay además otra forma de disciplina que es menos visible, pero no menos real. Me refiero a lo que llamo la disciplina en el pensamiento. Muchos buenos escritores han sido tenidos por personas distraídas. Hay una conversación, y cuando les preguntan algo resulta que no estaban siguiendo la conversación. O alguien está diciendo algo en la televisión, y es como si no lo oyeran. Un caso famoso es el de San Bernardo de Claraval, de quien se cuenta que en cierta ocasión, cuando tras pasar todo el día cabalgando a orillas del lago Leman alguien le preguntó qué le había parecido el lago, dijo: «¿Qué lago?» Desde el punto de vista de sus acompañantes, San Bernardo estaba distraído; pero lo cierto es que se estaba concentrando tanto en otra cosa que ni siquiera le prestó atención al lago que sus compañeros admiraban.

La disciplina en el pensamiento es ese tipo de distracción. Sin llevarla al punto de no participar en conversaciones, o de no ver hermosos e imponentes lagos, esa supuesta distracción es parte necesaria del proceso de escribir. No se escribe solamente cuando se está sentado en el escritorio, ante una pluma y papel o ante un teclado y pantalla. Se escribe también en esos ratos de aparente distracción que son en realidad momentos de profunda concentración.

Un elemento importante de esa disciplina consiste en no olvidar lo que se está escribiendo, sino tenerlo siempre presente en la mente, aunque se esté hablando de otras cosas. Esto puede parecer extraño si sencillamente lo describimos. Pero el hecho es que esto también es parte de la disciplina de todo buen predicador. La predicadora que está preparando una serie de sermones sobre las parábolas de Jesús las lleva siempre en mente mientras visita, mientras organiza la correspondencia, mientras viaja de un hospital a otro. Si en la oficina no encuentra un documento importante, inmediatamente piensa en la moneda perdida. Si en el hospital alguien le habla de una profunda nostalgia y soledad, lo relaciona con el hijo pródigo en tierra lejana. Así, casi sin quererlo o sin pensarlo, va tomando notas en la mente, y cuando llega el momento de preparar el sermón tiene todo un almacén de ideas, ilustraciones y comparaciones.

De igual modo, quien está escribiendo, por ejemplo, sobre la tarea de bosquejar el material para un libro, y ve en la televisión un programa sobre cómo se tallan los diamantes, descubre de momento que ese ejemplo puede servirle para explicar cómo el bosquejo ha de reflejar tanto la naturaleza del tema como la creatividad de quien lo hace. Entonces lo archiva en la mente, y lo utiliza cuando por fin se sienta a escribir sobre el tema.

Una vez más, aunque le disciplina sea esencialmente la misma, los modos de practicarla han de ajustarse al carácter de cada persona. La predicadora que durante toda la semana va coleccionando materiales para sus sermones puede anotar sus ideas o sencillamente archivarlas en la mente. Algunos autores llevan siempre tarjetas en las que escriben cada idea que tienen. Otros las confían a la memoria. Ambos métodos son útiles. Lo importante es que quien escribe no piense que puede dejar su tema en el escritorio e irse a otra parte sin llevarlo consigo, como si el escribir no fuera parte de su vida, y su vida parte de lo que escribe.

TÉCNICAS

Otra pregunta que se me hace frecuentemente es qué consejos prácticos o técnicas puedo recomendar. En el escribir, como en la enseñanza, «cada maestro tiene su librito», y por tanto lo que puedo ofrecer son mis técnicas y prácticas, con la esperanza de que quienes lean estas líneas tomen las que puedan serles útiles.

Cuando hablo de tales técnicas, la que más sorprende a quienes me escuchan es la siguiente: «tratar de no terminar al final de algo». Lo que quiero decir con eso es que si, por ejemplo, termino un capítulo, hago todo lo posible por empezar el próximo inmediatamente. Quizá esto sea un corolario del principio de la montaña rusa: es muy difícil cobrar impulso cuando se empieza desde cero. Hace años, cuando enseñaba en el Seminario Evangélico de Puerto Rico, salí con el Dr. T.J. Liggett, Presidente de esa institución, a probar un Volkswagen que él tenía, a fin de ver si quería comprar uno o no. Manejando por las lomas y las cuestas—o, como allí se dice, por las jaldas—de Puerto Rico, constantemente tenía que cambiar a segunda o primera para poder subir la cuesta. Pero Liggett me mostró que, si al bajar una cuesta tomaba impulso, podía subir la próxima en tercera, y a veces hasta en cuarta. El impulso cobrado en el descenso fácil nos ayudaba en el ascenso más difícil.

Lo mismo sucede al empezar a escribir un nuevo día. Ayer terminé entusiasmado, sobre todo por cuanto las últimas dos o tras horas fueron excepcionalmente productivas. Hoy me enfrento a una pantalla en blanco, y no sé por dónde empezar. Los dedos no se atreven a escribir la primera palabra. Por fin escribo algo, pero pronto lo borro y empiezo de nuevo. Y a veces hago lo mismo varias veces antes de por fin empezar a escribir de nuevo. Pero si ayer, en lugar de terminar cuando completé el capítulo, hubiera utilizado ese impulso para empezar el próximo, hoy me enfrentaría a un capítulo empezado, y a una pantalla con varias oraciones. Y ahora no sería sino cuestión de volver a tomar el hilo de lo que estaba diciendo anoche.

Es por la misma razón que, aunque hacer llamadas por teléfono es una interrupción que trato de evitar, recibirlas no me interrumpe de igual modo. El teléfono no espera a sonar cuando he terminado un párrafo o un capítulo. El teléfono suena en medio de la ... (rin, rin, rin, hola, ¿cómo estás?...) oración, y cuando termina la conversación se me hace muy fácil volver a tomar el hilo donde lo dejé.

Otra práctica útil es hacer lo que bien podríamos llamar un presupuesto del tiempo. Antes hablamos de la importancia de bosquejar, e indicamos que siempre es útil, al hacer el bosquejo, hacer también un presupuesto del espacio. Lo que esto quiere decir es distribuir entre las diversas secciones el espacio de que se dispone. Ahora, una vez que tenemos una casa editora y una fecha de entrega, podemos empezar a distribuir el tiempo con que contamos. Si, por ejemplo, he firmado un contrato para un breve libro de cien páginas que debo entregar en seis meses, puedo calcular que, a razón de veinte días por mes, cuento con unos ciento veinte días para producir el manuscrito. Si aparto el último mes para hacer una revisión final del manuscrito, tengo cien días hábiles para escribirlo. Esto resulta en un promedio de una página al día. Miro entonces los diversos temas que aparecen en el bosquejo, y separo los que conozco bien, sobre los cuales tendré que hacer poca investigación y ya prácticamente sé lo que voy a decir, de otros sobre los cuales sé poco o nada, tendré que hacer más investigación, y me será necesario pensar mejor lo que digo. Entre esos dos extremos está la mayoría de los temas, sobre los cuales sé algo, pero tendré que buscar algunos datos y pensar un poco mejor lo que voy a decir. Si uno de los temas fáciles tiene cinco páginas en el bosquejo, es posible que yo decida tratar de completarlo en un día. Pero por otra parte quizá deba dedicarle toda una semana de cinco días a otros más difíciles que solamente tendrán dos o tres páginas cada uno. Trabajando sobre la base de esos datos, decido cuánto debo haber terminado como mínimo al terminar esta semana, al terminar la próxima, y así sucesivamente.

Este procedimiento tiene varias ventajas. La primera es que al dividir la tarea de esa manera, y ver que con escribir un promedio de una página al día voy bien, se me aligera la carga y la tarea ya no me parece tan grande como antes. Puesto que una de las principales razones por las que algunas personas no escriben lo que deberían escribir es que se sienten sobrecogidas por la inmensidad de la tarea, el solo hecho de dividirla de tal modo que resulte más manejable es en sí mismo un modo de animarse a comenzarla, luego a continuarla y por fin a completarla.

La segunda ventaja de este procedimiento es que nos permite ver en cualquier momento si vamos adelantados o atrasados en la tarea. De ese modo evitamos la tentación de posponer el comienzo de la tarea, pensando que seis meses son mucho tiempo. Y evitamos también la incertidumbre de no saber si podemos dejar de escribir por unos días o no. Se nos presenta, por ejemplo, la oportunidad de un viaje que tomará una semana, y saber exactamente por dónde vamos en el proceso nos facilita la decisión de ir o no ir.

Además, este procedimiento nos libra de la ansiedad típica de quien tiene una tarea y un tiempo limitado para terminarla. Lo que ha de preocuparnos cada día, o cada semana, es si hemos cumplido con la tarea que nos habíamos asignado para ese día o semana. Al librarnos de la ansiedad, este procedimiento nos permite disfrutar tanto de la tarea misma de escribir como de las otras dimensiones de nuestra vida.

Otra técnica que me resulta valiosa es de vez en cuando imprimir la parte del manuscrito que tengo hecha. Mi práctica común es imprimir lo hecho al terminar cada capítulo, o cuando más dos o tres. Esto tiene en primer lugar cierto valor psicológico. Si tengo que escribir quinientas páginas, y nunca las veo más que en la pantalla de la computadora, no tendré el mismo sentido de logro que si en algún momento imprimo lo hecho, y puedo tomarlo en mis manos. En la pantalla no se ve más de una página, o cuando más unas pocas en una letra pequeñísima. En la mano el papel va cobrando peso y espesor.

La práctica de imprimir lo hecho también me ayuda en el proceso de hacer correcciones. Por muy cómodos que sean el escritorio, la silla y la computadora, siempre nos alivia cambiar de postura y de actividad. Con el papel impreso puedo ir a sentarme en el patio, leer mientras me paseo por el parque, echarme tres o cuatro páginas al bolsillo, y varias otras cosas que me dan un sentido de libertad y de variedad, y que al mismo tiempo me permiten aprovechar tiempo que de otra manera perdería.

Las otras técnicas a que pudiera hacer referencia aquí se refieren más bien al estilo y la revisión, tema del próximo capítulo.

— 8 —
El estilo

LA FLUIDEZ EN EL ESTILO

El propósito de escribir es la comunicación. Luego, la característica principal y absolutamente necesaria en un buen estilo es la facilidad en la comunicación. Un estilo muy elegante y correcto, pero que no comunique, o que obligue a quien lee a descifrar el mensaje que se esconde tras bellas palabras y frases sonoras, no es buen estilo. Podrá impresionar; pero si no comunica, no cumple su cometido.

La segunda característica esencial de todo buen estilo es que despierte y retenga el interés de quien lee. En casos como las lecturas asignadas en la escuela o universidad, o las cartas que hay que leer para responder a ellas, seguimos leyendo aunque lo escrito nos aburra o tengamos que descifrar su sentido. Pero tales casos son la excepción. Si empezamos a leer un libro, por ejemplo, sobre la predicación efectiva, o sobre una epístola de Pablo, y la lectura nos aburre, o no entendemos lo que leemos, lo más probable es que no sigamos leyendo.

Por estas razones, mi primera regla respecto al estilo consiste en no preocuparme mucho por la belleza o exactitud de lo que digo. En una conversación cualquiera, uno dice algo, otra persona le responde, y sobre la base de esa respuesta uno aclara o amplía lo que quiso decir. Si antes de abrir la boca nos detuviéramos para asegurarnos de que todo lo que decimos es exactamente lo que queremos decir, que lo estamos diciendo correcta y elegantemente, y que no hay malentendido posible, prácticamente nunca diríamos una palabra.

Algo semejante sucede al escribir. Si antes de escribir algo nos detenemos a pensar en la palabra exacta que hemos de emplear, y lo hacemos constantemente, el resultado será un texto que no fluye, y que es por tanto difícil de leer. Por ello recomiendo que primero se diga lo que se va a decir, y luego se revise el texto para ver qué correcciones de estilo parecen aconsejables.

Pero no se olvide que antes de empezar a escribir es imprescindible tener un buen bosquejo. Luego, cuando sugiero que se diga lo que se va a decir, esto no significa que se vaya escribiendo lo que a uno le parezca, para luego corregirlo. Al escribir, debe usted tener un bosquejo claro. Debe saber, por ejemplo, que esta sección trata sobre el tema «A», y no sobre el «B». Y, como hemos dicho antes, ese bosquejo debe llegar al nivel de los párrafos y de las oraciones. Luego, antes de escribir un párrafo, debe tener bien claro que tratará sobre el punto «X», para pasar en el próximo al punto «Y». Y al escribirlo debe saber usted que bajo el punto «X» va a incluir «a», «b», «c» y «d».

Si entonces usted sencillamente escribe una o dos oraciones sobre el punto «a», y de allí pasa al «b», las correcciones que tendrá que hacer al final no le llevarán a reorganizar todo el material, sino sencillamente a ir leyendo lo escrito para pulir el estilo. (Ciertamente, por muy bueno y claro que sea su bosquejo, siempre encontrará usted casos en los que resulta aconsejable o más claro reorganizar parte del material. Pero esto frecuentemente lleva a revisiones mayores, que a su vez bien pueden requerir otras. Luego, mientras más claro esté el bosquejo en su mente al escribir, más sencillas serán las correcciones.)

Volviendo entonces al punto principal, sabiendo usted el orden de los temas a tratar, escriba sobre ellos en ese orden, dejando fluir las palabras, y sin detenerse constantemente para pensar en cómo resulta mejor decir lo que se desea expresar. En este sentido, la tarea de escribir se asemeja mucho a una conversación relativamente formal. En tal conversación, usted no se detiene a sopesar cada palabra; pero sí tiene cuidado de hablar lo más correctamente que le sea posible sin perder el hilo de la conversación. Así, por ejemplo, aunque en su casa es posible que usted diga que alguien «me cae pesao», en una conversación más formal probablemente usted diría algo así como «no me resulta simpático». Pero si de momento no le viene a la mente la palabra «simpático» usted no se detiene por ello, sino que usa otra palabra—quizá, en este caso, «agradable».

Otro ejemplo sería el de un sermón o estudio bíblico. En ambas circunstancias, usted trata de hablar con exactitud y corrección, pero no permite que la falta de una palabra o frase exacta detenga el curso de lo que va a decir. La elegancia y corrección son buenas, sí; pero solamente si están al servicio de la fluidez y la comunicación, y no las interrumpen.

LA COMUNICACIÓN EN EL ESTILO

Como hemos indicado, el propósito de escribir es comunicar. Si lo que usted escribe no le comunica al lector lo que usted quiere decir, de nada valen la corrección o la elegancia. Es por ello que la fluidez a que nos hemos referido arriba es tan importante. Pero esa fluidez tiene el propósito de que quien lea entienda lo que usted quiere decir, o sienta lo que usted quiere que sienta. Ese propósito doble, entender y sentir, son los dos polos de la buena comunicación.

Tratemos primero sobre el entender. Ha habido épocas en la historia de la literatura española en las que se cultivaba el arte de escribir de tal modo que fuera necesario descifrar lo que se quería decir. Ejemplo de ello son las siguientes líneas del poeta Luis de Góngora:

> Era del año la estación florida
> En que el mentido robador de Europa,
> Media luna las astas de su frente
> En campos de zafiro pacía estrellas.

Lo que todo esto quiere decir es que era primavera—la estación florida. Uno de los signos astrológicos de la primavera es la constelación de Taurus—el toro. Según la mitología clásica, Zeus, disfrazado de toro, había raptado a Europa, de modo el «mentido robador de Europa» es el toro mitológico. Este toro, cuyos cuernos son «media luna las astas de su frente» se veía ahora en el cielo—«en campos de zafiro pacía estrellas». Todo esto muestra el ingenio de Góngora, tan característico suyo que las construcciones literarias crípticas y complejas como la citada reciben el nombre de «gongorismos».

Tales gongorismos pueden ser útiles en las adivinanzas, o como medios de mostrar el ingenio de quien los produce; pero en fin de cuentas no favorecen la comunicación, y no son por tanto una virtud en el estilo, sino un vicio.

Sin llegar a los extremos de Góngora, hay quien piensa que escribir bien consiste en mostrar su ingenio e imaginación complicando lo que no lo es. Así, hace algunos años escuché un sermón de diez minutos sobre la cooperación ecuménica cuyo título era «Rumbo a la solidaridad ecuménica a la usanza de las Navas de Tolosa, que son llanos aún hoy en la provincia española de Jaén». Y, para no quedarse atrás, un discípulo de ese predicador empezó un sermón en una iglesia donde la mayoría de los miembros apenas sabía leer diciendo que «en el ocaso Febo se desangraba en singular policromía crepuscular». Al igual que en el vestir, en el hablar y en el escribir hay una línea divisoria entre lo elegante y lo ridículo. Y, así como en el vestir la comodidad es factor determinante, así también lo es la comunicación en el hablar y en el escribir.

El mejor modo de evitar los gongorismos—o lo que se parezca a ellos—es releer lo escrito, preguntándonos constantemente si hay un modo de decirlo que sea más sencillo e igualmente claro y correcto.

Mucho más que la elegancia excesiva, la comunicación se interrumpe cuando lo que se escribe se puede leer con más de un sentido—lo que la Real Academia llama «anfibología». Veamos algunos ejemplos:

«En la violenta discusión, Juan hablaba fuertemente, y Pedro medía sus palabras.» ¿Qué palabras medía Pedro, las de Juan o las suyas?

«El enemigo avanzaba rápidamente, y la victoria era inevitable.» ¿La victoria de quién?

«María no creía que Juana pensara que era sabia.» ¿A quién se refiere el pensamiento de Juana, a sí misma, o a María?

En algunos casos, aunque no haya anfibología, puede haberla para quien no conozca alguna palabra: «Juan fue herido en la cabeza, y Pedro también resultó lesionado en la reyerta». Quien no conozca la palabra «reyerta» se preguntará en qué parte del cuerpo Juan fue lesionado.

Por otra parte, no siempre la anfibología es un vicio, pues puede hacerse a propósito y con humor, como en la poesía de Campoamor «Cómo rezan las solteras», en la que la joven que reza dice «Oigo pasos. ¿Será él? No. ¡Es el mulo de su tío!»

El mejor modo de evitar la anfibología es releer lo escrito dando por sentado que, si es posible entender mal lo escrito, alguien lo hará. Por ello, en el proceso de corrección es importante irse preguntando de qué otro modo—por extraño que nos parezca—puede entenderse lo que hemos escrito.

A veces se nos entiende mal, no estrictamente por anfibología, sino porque no hemos tenido suficiente cuidado en excluir los malentendidos. Hace algunos años, mi esposa y yo escribimos algo en lo que decíamos que casi toda la Biblia fue escrita para ser leída en público, en la congregación del pueblo de Dios, y que algo de ella se pierde cuando se lee solamente en privado. Aunque decíamos también que esto no quiere decir que no debamos seguir leyéndola en privado, un pariente que siempre dudaba de nuestra ortodoxia lo tomó como si estuviéramos aconsejando que se abandonara la lectura privada de las Escrituras. Posiblemente hubiéramos podido evitar tal malentendido teniendo en cuenta los prejuicios de nuestro pariente—y posiblemente de muchas otras personas—y subrayando más lo que decíamos sobre la necesidad de seguir leyendo en privado. También en este caso vemos que la comunicación resulta más clara si releemos lo escrito pensando en todo posible malentendido.

Pero no basta con que se nos entienda. La comunicación incluye no sólo el entendimiento, sino también la emoción y—en algunos casos—la acción. Esto lo saben tanto los poetas como quienes escriben anuncios para la televisión. El poeta nos invita a la melancolía diciendo: «cómo a nuestro parecer cualquier tiempo pasado fue mejor». Quien escribe anuncios para la televisión sabe que un automóvil nos atraerá más si nos lo presenta en una playa soleada. En ambos casos, lo que se comunica no es sólo una idea, sino un sentimiento—y, en el caso del automóvil, una invitación a la acción de comprar.

Para quien escribe, esto quiere decir que la forma de comunicación, el estilo, tiene mucho que ver con la naturaleza y propósito de lo que se escribe. Si, por ejemplo, queremos que se entienda por qué los eruditos bíblicos piensan que cierto libro se escribió en una fecha, y no en otra, el estilo debe ser frío, estrictamente lógico y detallado. Pero si lo que buscamos es que quien lea lo que escribimos se conmueva, o que tome cierta decisión, entonces el estilo tiene que ser más emotivo y personal. Las oraciones del primer escrito pueden ser más largas y complicadas que las del segundo. En el primero, el ritmo no tiene mayor importancia; pero sí lo tiene en el segundo. En una campaña de evangelización, no terminamos el sermón diciendo: «Por tanto, estimado hermano o hermana, te invito a que aceptes a Jesucristo, el Hijo de Dios, quien vivió hace veinte siglos, y quien se ofrece hoy para ser tu salvador personal, pues como sabes todos hemos pecado—es decir, hemos cometido pecados de acción y de omisión—y por eso tú también, como todo el resto de la humanidad a través de toda su historia, necesitas un Salvador que te limpie de pecados y te de una nueva vida que será mucho mejor que la antigua y mucho más acorde con la voluntad del Dios que te creó para que le sirvieras». Al contrario, terminamos con una serie de oraciones cortas, y posiblemente la última no tenga sino una sola sílaba: «¡Ven!». Lo que es más, quienes estudian tales cosas nos dicen que una oración o un discurso que termina con palabra aguda tiene más fuerza de convicción que otra que termina con palabra llana o esdrújula.

El ritmo, y sobre todo sus variaciones, le añade interés y fuerza emotiva al estilo. Si todas las oraciones son de quince palabras y todos los párrafos de diez oraciones, lo que se lee resulta monótono. Pero si de vez en cuando aparece un párrafo de una sola línea, ese párrafo quedará grabado en la mente de quien lee.

FLUIDEZ, COMUNICACIÓN Y AUDIENCIA

En todo esto, no hay ayuda mejor que la audiencia para quien escribimos—no la audiencia más amplia, sino esa lista de ocho o diez personas específicas que hicimos al proyectar el manuscrito.

Si tenemos en mente a cada una de esas personas según vamos escribiendo, ello resultará en fluidez por parte del estilo e interés y comprensión por parte del público lector. En cierto modo, lo que escribimos es una conversación con esas personas específicas. Escribimos para que ellas entiendan, se interesen, y respondan de algún modo. Aunque esa respuesta no nos puede venir al momento mismo en que escribimos, sí podemos preguntarnos: «¿Entendería Fulano lo que estoy diciendo? ¿Cómo respondería Mengana? ¿Le interesaría a Zutano?»

Si la respuesta es que Fulano no entendería, o que Mengana respondería de un modo diferente al que deseamos, o que Zutano se aburriría, esto es índice de que debemos corregir algo del estilo o del enfoque general.

Cuando más adelante Fulano, Mengana y Zutano vean el producto final, probablemente no sabrán que va dirigido a ellos, y que su contribución al proyecto ha sido valiosísima.

ESTILO, ELEGANCIA Y CORRECCIÓN

Un buen estilo, aunque bien puede tener el tono de una conversación, debe tener cierta elegancia. Como la elegancia en el vestir, la del estilo debe ser apropiada a la situación. En la playa, una guayabera de hilo y bordada es demasiado elegante; pero en un banquete de gala, es demasiado informal. Siempre, en diversos grados según las circunstancias, el estilo ha de ser elegante al menos en la corrección. La gramática incorrecta es admisible en obras de ficción, cuando hacemos a un personaje decir cosas tales como: «¡Alabao sea Dio! ¡Y yo que creía que tó s'abía acabao!». Por esa razón, a continuación menciono algunos de los problemas gramaticales con que más a menudo me topo en los manuscritos que recibo. Lo hago sin orden predeterminado alguno, pues se trata sencillamente de una lista que pueda ayudarnos a ver algunos de los vicios del lenguaje que debemos evitar.

1) El verbo «haber» se conjuga cuando es verbo auxiliar: «Yo he comido; tú has comido; una vez que hubieron comido, salieron». No se conjuga cuando significa estar o existir: «Había un libro; había cinco libros; hubo un milagro; hubo tres juegos; en el culto hubo muchas personas».

2) La coma nunca se usa para separar el sujeto del predicado. No: «El mensaje desde Argentina que llegó ayer a mediodía, decía...» Pero sí puede separar el sujeto del predicado cuando su función es cerrar una frase parentética: «El mensaje desde Argentina, que llegó ayer a mediodía, decía...»

3) La voz pasiva tiene sus usos. Pero frecuentemente abusamos de ella pensando que le da elegancia al lenguaje, cuando lo cierto es que le quita fuerza. Es más directo, sencillo y fuerte decir «Pizarro hizo prisionero a Atahualpa» que decir «Atahualpa fue hecho prisionero por Pizarro». La voz pasiva sí nos ayuda cuando no conocemos el sujeto de la acción: «Este manuscrito fue hallado en la Biblioteca Nacional de París». Si supiéramos quién lo halló, sería mejor decir: «Juan Pérez halló este manuscrito en la Biblioteca Nacional de París».

4) En español, tenemos la opción de usar la voz reflexiva, que algunos llaman «intermedia», y que también sirve de voz impersonal. «El Imperio Romano se deshizo.» «Desde esta perspectiva, tal opinión se ve como...» (En lugar de «tal opinión es vista como...»).

5) Los monosílabos que no se pueden confundir con otra palabra, muchos de los cuales llevaban acento ortográfico según las antiguas normas de la Academia, ya no lo llevan. Ejemplos: fui, fue, dio, vio.

6) Hay ciertas palabras que se acentúan para distinguirlas de otras que se escriben con las mismas letras. Los casos más comunes son los pronombres cuyo adjetivo posesivo correspondiente no se acentúa: *Ese* libro es para *mí*. *Ése* es *mi* libro. *Tú* tienes razón. *Ésa* es *tu* razón. (Nótese que la forma prenominal «ti» nunca lleva acento ortográfico, pues nunca hay que distinguirla de un adjetivo.)

7) Un caso semejante es el de los adjetivos demostrativos (*este, esta, ese, aquel*) y los pronombres correspondientes (*éste, ésta, ése, aquél*), pero con la salvedad de que la Academia permite prescindir del acento ortográfico si así se desea. Cada casa editora tiene su política respecto a esto, y por tanto es bueno consultar con ellas.

8) *Más* se acentúa cuando es adverbio de cantidad, y no se acentúa cuando quiere decir «pero»: Quisiera comer *más*, *mas* no debo.

9) *Aún* se acentúa cuando es adverbio de tiempo («todavía»), pero no en otros casos, cuando significa inclusión: *Aún* no ha llegado, pero *aun* en circunstancias difíciles debemos seguir esperándole.

10) *Sí* se acentúa si es pronombre o partícula afirmativa. No si indica condición. *Si* vuelve en *sí*, *sí* le creeré.

11) Debido a que muchos de nosotros leemos bastante material en inglés, existe la tendencia a copiar en castellano la práctica de ese idioma, en el que los gentilicios y otras palabras derivadas de nombres propios o referentes a religiones se escriben con letra inicial mayúscula. No es correcto: «Judíos, Romanos, Francés, Cristiano, Islam, Kantiano, Barthiano...». Todas esas palabras se escriben con letra inicial minúscula—excepto, claro está, cuando la oración comience con una de ellas.

12) La frase «el texto lee» es un anglicismo. En nuestra lengua, el texto dice.

13) La combinación *ui* no lleva acento ortográfico: jes*ui*ta, distrib*ui*do, infl*ui*do.

14) Nótese que en español el gerundio no se debe usar en lugar del infinitivo. Esto es particularmente cierto de los títulos, en los que se ha vuelto común imitar el uso del gerundio en inglés. Los siguientes títulos no usan el gerundio correctamente: «Caminando con Jesús», «Aconsejando a los jóvenes», «Dirigiendo la adoración».

15) Entre gramáticos, hay «loístas» y «leístas». Los primeros dicen «yo lo vi», y los últimos «yo le vi». El loísmo es más común. Pero es bueno considerar la otra posibilidad, que tiene la ventaja de ser más inclusiva en lo que al género se refiere: Un loísta diría «yo lo vi», o «yo la vi». Un leísta diría en ambos casos «yo le vi».

Este último ejemplo nos lleva a un tema particular sobre el estilo, la cuestión de cómo escribir de modo que nuestro lenguaje no oprima al género femenino. Dada la importancia de esta cuestión, le dedicaremos el capítulo que sigue.

9

El género en castellano

Lenguaje, opresión y liberación

Una de las cuestiones a las que quien pretenda escribir para publicación—así como cualquier persona que busque hacer el mejor uso posible del lenguaje—tiene que enfrentarse es cómo evitar que el lenguaje mismo excluya o menosprecie a alguna persona o grupo. ¿Qué podemos—y qué debemos—hacer para que las palabras que empleemos no sirvan para perpetuar opresiones e injusticias, sino más bien para destruirlas? Lo que decimos es importante, y debe ser palabra de verdad, esperanza y liberación; pero también ha de serlo el modo en que lo decimos, las palabras y frases que empleamos.

Al enfrentarnos a tal cuestión, hay dos advertencias preliminares que son de suma importancia. La primera es que todo lenguaje, por su propia naturaleza, conlleva prejuicios y exclusiones. La segunda es que cada idioma tiene su estructura propia, y que las soluciones que funcionan en un idioma no siempre pueden transferirse a otro. Veámoslas por orden.

Lenguaje, prejuicio y opresión

Todas las lenguas reflejan la cultura en que se formaron y evolucionaron. Luego, todas reflejan las opresiones y prejuicios de esas culturas. Veamos primero algunos ejemplos en otra lengua, el inglés, y pasemos luego a la nuestra.

Si usted sabe un poco de inglés, habrá notado que en esa lengua es común referirse a los animales con un nombre, y a su carne con otro. Así, por ejemplo, el «pig» o «hog», cocinado, se vuelve «pork». La «cow» y el «ox» no se comen, sino que se come «beef». La oveja es «sheep», pero su carne es «mutton». Y el «deer» llevado a la mesa es «venison». Al examinar todo esto, vemos que las palabras que se refieren al animal vivo son de origen anglosajón, mientras que las que se refieren a su carne se parecen mucho al francés. ¿A qué se debe esto? Sencillamente a que en el siglo XI los normandos, procedentes del norte de lo que hoy es Francia, invadieron y conquistaron a Inglaterra. A partir de entonces, y por largas generaciones, los normandos oprimieron y explotaron a los anglosajones. Luego, los anglosajones criaban los animales—o clandestinamente cazaban venados en los bosques—mientras los normandos, cuya lengua era semejante al francés de hoy, eran quienes los comían en sus banquetes. Por ello, el «pig» que un anglosajón criaba, mataba y limpiaba, se volvía «pork» camino a la mesa del señor.

No cabe duda de que esto refleja exclusiones, opresión y prejuicios. Pero, aunque lo sepamos, y aunque aún hoy en Inglaterra buena parte de la nobleza sea de origen principalmente normando, a nadie se le ocurre cambiar el menú en los restaurantes, de modo que diga «ox steak» o «hog ribs» en lugar de «beef steak» o «pork ribs».

Algo semejante sucede en nuestra lengua. El vocabulario mismo refleja toda una serie de invasiones, imposiciones y explotaciones. De la conquista romana nos queda la mayor parte de nuestras palabras, y hasta de la forma de nuestros verbos: amo, amas, ama, amamos, amáis, aman; *amo, amas, amat, amamus, amatis, amant*. Luego vinieron los godos y otros pueblos germánicos, y nos dejaron palabras como «estribo» y «queso». A ellos les siguieron los moros, y es por eso que en la escuela estudiamos «álgebra», que la flor del «naranjo» se llama «azahar», y que nos puede picar un «alacrán». Después los castellanos conquistaron buena parte de la península, y por eso yo soy «yo», y no «eu». Entonces los españoles vinieron a nuestras tierras, y ocuparon los «bohíos» y «bateyes», y se comieron el «maíz» y los «aguacates». Lo que es más, los españoles les quitaron su nombre a cosas que ya los tenían, y les dieron los suyos, con resultados tan extraños como el de que una «tortilla» sea una cosa en España y otra muy distinta en México. Cuando faltó la mano de obra indígena, se fue a buscar a África, y por ello hoy hablamos de «malanga» y de «bongó». Y, como si eso fuera poco, otros pueblos también nos invadieron, unos militarmente, otros comercialmente, y otros de ambos modos, con el resultado de que en México hay «mariachis» (del francés *marriage*), en Cuba se «ponchan» la llantas de los autos, y en Puerto Rico la basura se echa al «zafacón» (del inglés *puncture* y *safety can*).

También en lo étnico y cultural nuestro idioma refleja exclusiones y prejuicios. Así, por ejemplo, si hay mucho ruido y desorden decimos que hay una «algarabía», sin recordar que tal era el nombre que se les daba a los barrios de lengua árabes—barrios de moros—en España. Y hasta los nombres de muchos de nuestros países y ciudades nos fueron impuestos por conquistadores y colonizadores extranjeros—República Dominicana, Puerto Rico, Mérida, Santiago, Costa Rica, Venezuela... Al tiempo que no cabe duda de que en todo esto se manifiestan vetustos prejuicios y opresiones, muy difícil se nos haría cambiarlo, y producir una lengua libre de todo ello.

Por último, y más al caso en lo que se refiere a hoy, hay en nuestro idioma abundantísimas expresiones del machismo que tradicionalmente ha predominado en nuestra cultura—y en muchas otras. Así decimos que alguien está «histérico», frecuentemente olvidando que el «híster» es la matriz, y que la palabra «histeria» proviene de un prejuicio según el cual tal comportamiento tiene que ver con la matriz, y es cuestión típicamente femenina. Y las palabras «testigo» y «testimonio» vienen de la misma raíz que «testículo», y reflejan vetustos y acendrados prejuicios según los cuales solamente los varones podían ser testigos, y sólo su testimonio era válido. Luego, una vez más, el idioma está lleno de prejuicios. Pero bien difícil nos sería hablar de la fe cristiana sin hablar de «testigos» y de su «testimonio».

Los prejuicios que se manifiestan en estos ejemplos han quedado tan ocultos por el uso, que ya apenas si nos damos cuenta de ellos. Pero hay otros que todavía se notan, y sobre los cuales hemos de tratar en el resto este capítulo. De ellos, no cabe duda de que el más común—y el más difícil de resolver—sea el que se manifiesta en el uso del género. Si en una sala hay diez mujeres, éstas se refieren a sí mismas como «nosotras»; pero si entra un varón, a partir de entonces el conjunto de las personas presentes se vuelve «nosotros». Lo que es más, si alguna de las mujeres presentes sigue diciendo «nosotras», dará a entender que está excluyendo al varón; pero si otra dice «nosotros», esto parecerá natural.

Cómo enfrentarse a ese problema será el tema central que nos ocupará en el resto de esta sección. Pero antes de hacerlo es necesario señalar algunas características de la lengua española que es necesario tener en cuenta al buscar soluciones.

Características de nuestra lengua

Lo primero que hemos de notar es que en español todos los sustantivos tienen género y, peor aún, los artículos y adjetivos también los tienen, y deben concordar con el género del sustantivo. Esto es muy diferente del inglés, idioma que tiene la peculiaridad de que solamente se emplea el género para hacer distinciones de sexo entre personas o animales—*husband / wife, niece / nephew, mare / stallion, cow/ bull*. En ese idioma, los artículos y adjetivos no tienen género, y por tanto resulta relativamente fácil usar lo que se ha dado en llamar «lenguaje inclusivo». Por ejemplo, se puede decir «the good Christian men and women». Pero en español el asunto es más complejo. Si hemos de evitar absolutamente todo uso de un género por encima de otro, tendríamos que decir algo así como «las buenas mujeres cristianas y los buenos hombres cristianos», y el resultado sería cansón y repetitivo. Luego, las soluciones relativamente fáciles que se han encontrado en inglés no siempre funcionan en nuestra lengua, y por tanto, aunque algunas veces nos sean útiles, tenemos que buscar otras.

En segundo lugar, no podemos olvidar que en nuestra lengua los sustantivos no se yuxtaponen para darles carácter adjetival. Esto puede cambiar el sentido de frases traducidas de otros idiomas. Por ejemplo, en inglés se habla corrientemente de «Latina theology» para referirse a la teología que se hace desde la perspectiva de las mujeres latinas. Pero si traducimos esto palabra por palabra como «teología latina» hemos cambiado el sentido de la frase, que ahora no se refiere ya específicamente a la teología de las mujeres latinas, sino a cualquier teología de origen latino.

En tercer lugar, es necesario notar que en español no siempre el género gramatical concuerda con el género o sexo de aquello a que se refiere. Por ejemplo, gramaticalmente «persona» es siempre una palabra femenina, y por lo tanto requiere artículos y adjetivos femeninos, aunque la persona en cuestión sea un varón. Así decimos, por ejemplo, que «Juan es una buena persona». Y lo contrario sucede con «individuo», y por ello decimos que «María es un buen individuo».

Eso llega a tal punto, que en español existen las palabras «femenino» y «masculina». Así decimos, por ejemplo, que «"libro" es una palabra masculina» y que «"libreta" es un término femenino». ¡Trate usted de traducir al inglés esas dos palabras: «masculina» y «femenino»! O piense en cómo mejor traducir «patria» al inglés: por la raíz, que indudablemente se refiere al padre, diríamos «fatherland»; pero por la desinencia, que es femenina, deberíamos decir «motherland». O, para llegar a un extremo, trate de explicar en inglés el poema en que Unamuno llama a Santa Teresa «padraza», y a San Juan de la Cruz, «madrecito». Tales palabras resultarían absurdas para quien no conozca la estructura de la lengua española.

En cuarto lugar, aunque la mayoría de las palabras terminadas en «o» son masculinas, y casi todas las que terminan en «a» son femeninas, el origen de las palabras, particularmente del latín y del griego, frecuentemente resultan en lo contrario—el poema, la mano, el tema, el programa, el idioma...

Por último, para complicar las cosas, en nuestra lengua hay más de dos géneros gramaticales. Aunque hay diversidad de opiniones y de clasificaciones entre los estudiosos de la gramática, los géneros en castellano son al menos cinco. Todos conocemos los géneros masculino (el libro), femenino (la libreta) y neutro (lo malo). Pero hay también el género epiceno, en el que la misma palabra se aplica tanto al individuo masculino como al femenino. Así decimos, por ejemplo, «la ballena macho es negra», o «el ballenato hembra es blanco». (Y nótese, para colmo de curiosidades,

¡que el ballenato, cuyo género parece ser masculino, cuando crece se vuelve ballena, sin importar si es hembra o macho!) Y hay el género ambiguo, que se refiere a palabras sobre las cuales no nos ponemos de acuerdo. ¿Se debe decir «el sartén», o «la sartén»? La estación ferroviaria, ¿es «la terminal», o «el terminal»?

POSIBLES SOLUCIONES

Todo esto debemos tener en cuenta en nuestros esfuerzos por escribir y hablar de tal modo que no se excluya al género femenino, ni se le haga inferior al masculino. Por tanto, las soluciones no son fáciles, y ninguna es perfecta. Como hemos dicho, las estructuras de opresión y prejuicio están de tal modo arraigadas en cualquier idioma, que no es posible deshacerse de ellas por completo sin deshacerse del idioma mismo. Pero esto no es excusa para no hacer todo lo posible para que nuestro uso del lenguaje sea tan inclusivo como podamos. No olvidemos el viejo dicho según el cual el peor enemigo de lo bueno es lo mejor. Si no podemos hacer que nuestra lengua sea perfecta en cuanto al uso del género se refiere, sí tenemos el deber de hacerla al menos tan buena como podamos.

En esa búsqueda de soluciones, no olvidemos que la inmensa mayoría de las personas, aunque lean en silencio, escuchan las palabras en su mente. Por tanto, cualquier supuesta solución que sea impronunciable no ha de aplicarse sino de manera muy limitada. Quizá esté bien en un breve mensaje electrónico decir «Querid@s amig@s». Pero resulta imposible leer todo un libro acerca de «l@s buen@s heman@s cristian@s». Y lo mismo es cierto acerca de la solución «o/a»: «los/as buenos/as hermanos/as cristianos/as». Tampoco resulta muy útil o estético lo que algunas personas proponen: «laos buenoas hermanaos cristanoas». Por último, aunque repetir una frase o palabra cambiando de género es un recurso útil, tampoco se puede abusar de él. Bien podemos decir «la pastora o pastor», o «el maestro o maestra», con lo cual indicamos que tales funciones no se limitan a personas de un solo sexo. Pero tampoco podemos hacer esto tan seguidamente que quien lee lo que escribimos se canse de ello.

Busquemos y empleemos entonces varias soluciones, sabiendo que ninguna de ellas por sí sola—ni tampoco todas juntas—basta para resolver el problema del prejuicio de sexo en el uso del idioma, pero que todas ellas juntas nos ayudan a expresarnos en modos que eviten en la medida de lo posible los prejuicios que se hallan tan arraigados en nuestra lengua.

Puesto que tratamos aquí específicamente del ministerio de la palabra, y el ministerio es ante todo servicio a Dios, empecemos por la cuestión de los modos de referirnos a Dios. Ciertamente, la palabra «Dios» es masculina, y por tanto no tenemos otro remedio que decir «Dios es bueno» o «Dios es sabio». Podríamos usar la palabra «Diosa», y algunas personas lo hacen. Pero, salvo en casos en que se haga una detallada y clara explicación de por qué usamos tal palabra, nos topamos con el hecho de que en el uso común «diosa» es el modo de referirse a las divinidades femeninas de los diversos cultos politeístas.

Otro modo, ciertamente menos chocante, de enfrentarnos a la cuestión del género en nuestro lenguaje acerca de Dios es usar términos femeninos que se refieren igualmente a Dios. Si la palabra «Dios» es masculina, «Trinidad», «deidad», «providencia» y muchas otras no lo son. Luego, nos es dado, en lugar de decir que «servimos a un Dios bueno», decir que «servimos a una deidad buena». Con el uso frecuente de términos tales como los arriba mencionados, en lugar de siempre decir «Dios», podemos mostrar que el género masculino que tradicionalmente se le aplica a «Dios» es una cuestión puramente gramatical, por cuanto Dios mismo no tiene género.

No olvidemos tampoco las muchas imágenes femeninas que se le aplican a Dios en la Biblia misma. Dios es como una mujer que perdió una moneda. Dios es como una gallina que cuida de sus polluelos. Tales imágenes indican que no es incorrecto referirnos a Dios como «Madre». Una vez más, detengámonos a pensar en la estructura de nuestra lengua. Cuando yo era joven, frecuentemente traía de la escuela algún documento que requería la «firma de un padre o tutor». *¿Un* padre? ¿Cuántos papás se suponía que uno tuviera? Lo que sucedía era sencillamente que en castellano el padre y la madre en conjunto son nuestros «padres»—a diferencia del inglés, donde «father» y «mother» juntos son nuestros «parents», o del francés, donde sucede algo semejante. Si mis «padres» son mi papá y mi mamá, *un* padre es cualquiera de los dos. ¡Mi mamá era uno de mis padres! Luego, si Dios es nuestro «Padre» en el sentido de ser nuestro progenitor o el origen de nuestro ser, Dios no es solo como un papá, sino también como una mamá, y no hay por qué no referirse a Dios como «nuestra Madre celestial»—con la salvedad, claro está, de que no lo hagamos con el propósito de escandalizar o de herir sensibilidades.

Pasemos entonces a la cuestión de cómo referirnos a nuestros semejantes, entre quienes y para quienes también es nuestro ministerio de la palabra. Ciertamente, hemos de evitar todo uso del lenguaje que de algún modo implique que ciertos cargos o funciones en la sociedad les corresponden a las mujeres y otros a los varones, o que el varón es más importante que la mujer. Algunos de los recursos que tenemos en este sentido son bien conocidos. Por ejemplo, en lugar de decir «el hombre» para referirnos a toda la especie humana, podemos decir «el ser humano», o sencillamente «el humano». Y de vez en cuando, sin ser cansones, podemos usar ambos géneros: «la pastora o pastor», «el doctor o doctora».

Hay otros recursos que son menos usuales, pero igualmente eficaces. Uno de ellos es usar unas veces un género y otras otro, refiriéndonos, por ejemplo, unas veces al «pastor» y otras a la «pastora». También podemos romper esquemas de prejuicios trastocando lo que comúnmente se espera—diciendo, por ejemplo, «la pastora y su secretario». Y, al igual que en el caso de Dios, podemos emplear palabras femeninas para referirnos a grupos mixtos: la congregación, la humanidad, la población. Así, en lugar de referirnos a «los venezolanos», podemos hacerlo a «la ciudadanía venezolana», la cual puede estar «contenta», «cansada» o «hambrienta»—todo ello en forma femenina. En el campo de la teología, no olvidemos que el conjunto de los creyentes, la iglesia es palabra femenina, y que por tanto la iglesia puede ser «antigua» o «moderna», «falsa» o «verdadera»—todo ello, una vez más, en forma femenina. Lo que es más, en el Nuevo Testamento, y en toda la tradición cristiana, la iglesia es «la esposa de Cristo», y que por tanto en la iglesia toda la congregación, varones y mujeres, ¡tenemos marido!

Por último dentro de lo que podría ser una larga lista de recursos, señalo uno que frecuentemente olvidamos, el pronombre relativo. Hace unos años un comité que criticaba el *Libro de oración común* de la Iglesia Episcopal, porque su uso del español no era suficientemente inclusivo, propuso una oración que empezaba diciendo: «los que y las que hemos pecado». ¿Por qué no decir, con igual inclusividad y mayor elegancia, «quienes hemos pecado»? Haciendo uso del pronombre relativo, en lugar de referirnos en nuestros escritos a «los lectores», y así dar a entender que esperamos que todos sean varones, o de usar la solución común, «los lectores y lectoras», podemos decir «quienes leen».

En resumen, no hay excusa para no esforzarnos para que nuestro uso del idioma deshaga prejuicios, exclusiones y opresiones. Y, si lo pensamos con cuidado, ese esfuerzo para que nuestro lenguaje sea liberador e incluyente no es tampoco excusa para que sea cansón, repetitivo o carente de elegancia.

10

Del manuscrito al libro

Manual de estilo

Algunas casas editoras le envían a la autora, junto al contrato firmado, un «Manual de estilo» o algún documento parecido, aunque con otro nombre. Allí encuentra uno las prácticas y preferencias de esa casa, sobre todo en cuanto a cuestiones en las que no todos concuerdan. El ejemplo más común, entre publicadoras religiosas, es el modo de abreviar los nombres de los libros de la Biblia, y cómo indicar las diferencias entre los números de capítulos y los de versículos. Otros manuales indican la forma precisa en que quieren recibir el manuscrito. Otros establecen que alguna enciclopedia o atlas será la pauta para aquellos nombres geográficos que puedan traducirse de más de una manera.

Presentación del manuscrito

En la presentación del manuscrito, es de suma importancia atenerse a lo que dice el «Manual de estilo» de la casa editora, o cualquier otra pauta que ésta haya sentado. En los casos extremos, una casa editora puede devolver un manuscrito, diciéndole al autor que por favor lo revise siguiendo las instrucciones recibidas. Lo más común es que los empleados de la casa editora hagan tales correcciones; pero ello no aumenta la popularidad del autor entre tales empleados.

Por las mismas razones, la autora debe hacer cuanto pueda por presentar un manuscrito pulido y terminado. Las reglas de estilo, ortografía y gramática que dimos en los últimos dos capítulos son ante todo responsabilidad del autor. También en este caso, lo más probable es que la casa editora haga las correcciones necesarias. Pero también es probable que antes de invitar a la misma persona a producir otro manuscrito lo pensarán dos veces. Mi propia experiencia como editor es que cuando lo que alguien escribe me llega con errores que la persona misma pudo haber corregido me da la impresión de que el manuscrito no es de mucha importancia para el autor, y que quizá tampoco deba ser de mucha importancia para mí. Si usted desea que se le invite repetidamente a escribir, ya sea libros o lecciones para la escuela dominical, es bueno que presente un manuscrito tan limpio y correcto como le sea posible. Sobre ese proceso de corrección volveremos más adelante, tras resumir lo que la mayoría de las casas editoras espera respecto a la presentación del manuscrito.

En primer lugar, hoy son pocas las casas que aceptan un manuscrito que no esté digitalizado usando uno de los programas más comunes para procesar palabras. Hasta hace unos veinte o veinticinco años, las casas editoras incluían en su presupuesto el costo de pasar el manuscrito del papel al linotipo—o a algún otro sistema parecido. Hoy, ese presupuesto es mucho más reducido, pues el manuscrito ha de venir ya en forma digitalizada, y lo que la casa tiene que hacer es corregirlo y adaptarlo al formato del libro mismo.

El manuscrito debe ir todo a doble espacio. Aunque en los trabajos en la escuela o la universidad nos hayan enseñado a escribir las notas al calce y las bibliografías a espacio sencillo, un manuscrito para publicación debe ir todo a espacio doble. La razón es que resulta muy difícil anotar correcciones o notas respecto al tipo y tamaño de letra, por ejemplo, en un texto escrito a espacio sencillo—y es precisamente en las notas y la bibliografía que tales correcciones son más numerosas.

El manuscrito también debe ajustarse a la extensión indicada en el contrato o en las instrucciones de la casa editora. No trate de incluir más material escribiendo las líneas más juntas, empleando un tipo de letra más pequeño o haciendo los márgenes más estrechos. Puesto que normalmente los libros se imprimen en folios de 16 páginas cada uno, si usted se pasa de lo indicado, ello bien puede hacer el libro, no un par de páginas más largo, sino dieciséis.

Si no se le ha indicado otra cosa, deje márgenes de una pulgada a cada lado de la página, así como al principio y al final de la misma. Utilice una letra de 12 puntos—preferiblemente una letra sencilla, como la llamada «Times New Roman». Haga uso parco de los recursos de su procesador de palabras. Por lo general, escribir algo en letra bastardilla no causa problemas. Pero escribir los títulos de capítulos o secciones con otro tamaño de letra, o en negrita, solamente les añade trabajo a los editores. Lo mismo es cierto de la justificación, los bosquejos automáticos, las columnas y otros recursos del procesador de palabras.

Es mayormente por razón de esas posibles dificultades que normalmente se le pide al autor que envíe, junto a su manuscrito electrónico, el mismo manuscrito impreso. De ese modo el editor puede ver si el producto que se va a enviar a la imprenta concuerda con el diseño del autor. Esto es particularmente cierto en el caso de recuadros, columnas, cronologías y otros materiales en los que es posible que en el proceso de preparar el manuscrito para la imprenta una palabra o frase se salte de un lugar a otro, de modo que no aparezca donde debe. Con el manuscrito impreso a la mano, es fácil asegurarse de que tal cosa no suceda.

EL PROCESO DE LAS CORRECCIONES

Normalmente, el manuscrito que usted termina pasa al menos por tres correcciones. La del autor mismo, la corrección de estilo y la corrección de pruebas.

Puesto que es responsabilidad suya entregarle a la casa editora el mejor manuscrito de que usted sea capaz, debe usted hacer una corrección final antes de enviarlo. Si tiene usted colegas, parientes u otras personas que puedan leer el manuscrito y sugerir correcciones, pídales que lo hagan. Frecuentemente, tras escribir algo, casi nos lo sabemos de memoria, y por tanto se nos hace difícil ver los errores que pueda contener. Leemos lo que creemos que el texto dice, y si dice otra cosa no nos percatamos de ello.

(Recuerdo que una vez puse en el boletín de la iglesia, «Firmes y adelante, huestes de la fe, sin temor alguno, que Jesús *no* ve». La única persona que se dio cuenta de mi error fue un hermano recién convertido que no conocía ese himno.)

Si es usted mismo quien va a hacer esta corrección final, trate de terminar el manuscrito varias semanas antes de la fecha de entrega. Guárdelo en una gaveta, dedíquese a otras cosas y olvídese de él. Cuando ya no se acuerde de todo lo que dijo, léalo y vaya corrigiendo los errores o inexactitudes que vea.

La segunda de las tres correcciones finales es la «corrección de estilo». Una persona ducha en el uso de la lengua, conocedora de las prácticas y preferencias de la casa editora, y atenta a los detalles, lee su manuscrito, sugiere correcciones y plantea cualquier duda que haya en cuanto a los cambios que sugiere o lo que no esté claro. En ocasiones, esta persona también puede hacer cambios o correcciones en el contenido del texto. Esto es de particular importancia en libros sobre historia de la iglesia, donde es necesario constatar los datos presentados en el libro. Normalmente ese texto corregido regresa a la autora, quien debe examinar cada corrección y decir si concuerda con ella o no. Nótese que ya en este momento es demasiado tarde para añadir nuevas ideas u oraciones. Usted tuvo la oportunidad de revisar el material antes de mandarlo, y si hace nuevas correcciones ahora interrumpirá el proceso de producción. (Algunos casas, por lo limitado de sus recursos, no dan este paso. En tal caso, es todavía más necesario que usted lea su manuscrito con sumo cuidado antes de enviarlo a la casa editora. En algunos casos—como en la serie *Ministerio*— hay editores para un proyecto específico, y son estas personas quienes hacen la mayor parte de la corrección de estilo.

El texto va entonces a la imprenta, y la última corrección es las «pruebas de página». El libro se imprime tal como va a salir al público, y hay ahora una última oportunidad para descubrir y corregir cualquier error. En esta etapa del proceso, mucho menos que en la anterior, se pueden hacer correcciones mayores. Algunas casas tienen la política de no enviar las pruebas de página a los autores, precisamente a fin de evitar la tentación de hacer nuevas correcciones. Si el libro lleva índices alfabéticos de temas o personas, es en este momento que el índice se confecciona. Lo normal es que la casa editora le dé al autor unas dos semanas para preparar tal índice.

¡POR FIN!

Un buen día, posiblemente un año después que usted entregó el manuscrito, el correo le trae los primeros ejemplares de su libro. Usted abre el paquete entusiasmado, por fin tiene en la mano el producto de sus esfuerzos y siente cierto orgullo en ello. Disfrute el momento, porque—si su caso es como el mío—lo más probable es que cuando por primera vez hojee el libro verá algún error de imprenta que increíblemente nadie notó. A veces pienso que esa experiencia, tan común para quien escribe, es el modo en que la divina Providencia nos recuerda que, por mucho que escribamos y mucho que revisemos lo que escribimos, no somos más que siervos y siervas de la Palabra creadora, y que nuestras mejores palabras y nuestras mejores creaciones no son sino pálidos reflejos de esa Palabra y de su poder creador.

Apéndice

SERIE MINISTERIO

GUÍAS PARA PRESENTAR PROPUESTAS DE LIBROS

La serie *Ministerio* es un proyecto conjunto de la casa editora Abingdon y de la Asociación para la Educación Teológica Hispana (AETH). El propósito de ambas es producir libros que sirvan de introducción práctica y concreta a los diversos aspectos del ministerio cristiano. El manuscrito no debe exceder 200,000 letras, contando los espacios en blanco y el contenido de las notas bibliográficas. Es decir, el manuscrito debe tener cerca de 95 páginas, escritas a doble espacio en letra Times New Roman tamaño 12 pt. El tamaño final del libro será de 96 páginas. El libro aspira a alcanzar una audiencia compuesta por líderes laicos, estudiantes de instituto y colegio bíblico, seminaristas y pastores y pastoras.

El Comité Editorial requiere que las personas interesadas en escribir para esta serie entreguen una propuesta de libro. La propuesta debe incluir la siguiente información:

Información autor, autora: Indique su nombre; direcciones postales, residenciales y electrónicas. Indique sus números de teléfonos celulares, residenciales y fax. Incluya un *curriculum vitae* actualizado que detalle su posición actual, sus logros académicos y sus publicaciones previas. Recalque las experiencias que le califican para escribir el libro propuesto.

Título sugerido del libro. Indique el título tentativo del libro. Si lo desea, puede incluir un subtítulo.

Descripción del libro. Describa el libro propuesto en no más de 250 palabras. ¿Cuál es el argumento principal del libro? ¿Cuál es su idea central?

Tabla de contenido/Bosquejo. Indique el título de cada capítulo y de sus secciones principales. Resuma brevemente el contenido de cada capítulo.

Competencia. Indique si existen otros libros disponibles en español o en inglés sobre este tema. ¿Cómo se diferencia su libro de esos recursos?

Fecha de entrega. Indique cuánto tiempo necesitaría para terminar el manuscrito, en caso de que AETH acepte su propuesta.

Ejemplo. Incluya un ensayo que resuma el argumento que desea desarrollar en el libro. O, si ya ha comenzado a escribir el libro, incluya el borrador de un capítulo. El escrito no debe tener más de 15 pp.

Formato electrónico. Deberá entregar el manuscrito final en formato electrónico, en un programa reconocido para procesar palabras tal como MS Word®, WordPerfect® o Pages®, entre otros. El manuscrito final debe ser enviado por correo electrónico o entregado en CD. Guarde copia de todos los materiales que envíe a AETH.

Envíe su propuesta a:
Dr. Pablo A. Jiménez
Comité Editorial, Serie Ministerio
Urb. Los Montes, 428 Calle Águila, Dorado, PR 00646
E-mail: revpablojimenez@aol.com

Bibliografía selecta

Benavides, José Luis y Carlos Quintero. *Escribir en prensa*. 2ª edición (Madrid: Pearson Educación, 2004).

Cassany, Daniel. *Describir el escribir: Cómo se aprende a escribir* (Barcelona: Paidós, 1998).

Escobar, Samuel, editor. *La aventura de escribir: Testimonio de 14 escritores cristianos* (Lima: Puma, 2002)

García Negroni, María Marta. *El arte de escribir bien en español* (Santiago: Arcos, 2004).

Merino Dickinson, María Eugenia. *Escribir bien, corregir mejor: Corrección de estilo y propiedad idiomática* (México: Trillas, 2001).

Ruiz Gómez, Daniel. *Cómo aprender a escribir bien* (Alcobendas: Libsa, 2004).

Además se recomiendan, como libros de consulta publicados por la Real Academia Española, y ambos de fácil consulta en www.rea.es: *Diccionario de la lengua española* y *Diccionario panhispánico de dudas*.